Herzlichen Glückwunsch

zu Ihrer Wahl eines Mannes aus unserem Hause. Damit Sie an diesem einzigartigen Qualitätsprodukt viele Jahre Freude haben, empfehlen wir Ihnen, die Gebrauchsanweisung vor dem ersten intensiven Kontakt – am besten vor dem Einzug in eine gemeinsame Wohnung, spätestens jedoch vor der Hochzeit – sorgfältig zu lesen und auch die Pflegeanleitung genau zu beachten.

Nur so vermeiden Sie böse Überraschungen, nervenaufreibende Fehlfunktionen und im Einzelfall kostspielige, häufig gar irreparable Schäden, die durch unsachgemäße Behandlung entstehen können.

Autorin und Verlag wünschen Ihnen viel Vergnügen bei der Lektüre und ein gutes Händchen bei der Partnerwahl.

Das Buch

Darf man Männern auch mal mehr zumuten als nur den Schonwaschgang? Und müssen Frauen wirklich immer mit Weichspüler behandelt werden? Angela Troni liefert die ultimative Antwort auf alle Fragen, die praktische Hilfe für Normalbetrieb und Notsituationen – eine Gebrauchsanweisung für Frauen einerseits und für Männer andererseits.

Die Autorin

Angela Troni, geboren 1970, war Lektorin in einem großen Verlag, ehe sie sich 1999 als freie Lektorin und Übersetzerin selbständig machte. Inzwischen schreibt sie auch, arbeitet als Ghostwriterin und gibt Bücher heraus. Sie hat literarische Kochbücher und humorvolle Geschenkbücher für Frauen verfasst und die Anthologien *Vaterglück, Ich habe schon Schlimmeres erlebt* und *Ihr lieben Deutschen!* herausgegeben.

Angela Troni

Gebrauchsanweisung für **Männer** und Frauen

Ullstein

Besuchen Sie uns im Internet:
www.ullstein-taschenbuch.de

Mix
Produktgruppe aus vorbildlich bewirtschafteten
Wäldern und anderen kontrollierten Herkünften
www.fsc.org Zert.-Nr. GFA-COC-001278
© 1996 Forest Stewardship Council

Dieses Taschenbuch wurde auf FSC-zertifiziertem Papier gedruckt.
FSC (Forest Stewardship Council) ist eine nichtstaatliche, gemeinnützige
Organisation, die sich für eine ökologische und sozialverantwortliche
Nutzung der Wälder unserer Erde einsetzt.

Ungekürzte Ausgabe im Ullstein Taschenbuch
1. Auflage Januar 2010
© Ullstein Buchverlage GmbH, Berlin 2010
© 2003 by Ullstein Heyne List GmbH & Co. KG, München/List Verlag
Umschlaggestaltung: HildenDesign, München
(nach einer Vorlage von Hauptmann und Kampa Werbeagentur,
München – Zürich unter Verwendung der Schrift Facts of Life von Pippo Lionni)
Papier: Pamo Super von Arctic Paper Mochenwangen GmbH
Druck und Bindearbeiten: CPI – Ebner & Spiegel, Ulm
Printed in Germany
ISBN 978-3-548-36888-7

Inhalt

Inhaltsverzeichnis	5
Wichtige Sicherheits- und Warnhinweise	6
Vor der Inbetriebnahme	10
Allgemeine technische Daten	16
Produktbeschreibung/Technische Daten	18
Allgemeine Hinweise	20
Systemfunktionen einstellen	23
Pflege und Wartung	37
Normalbetrieb	47
Zusatzfunktionen	63
Versteckte Fehlfunktionen	66
Werkseinstellungen wiederherstellen	74
Selbsthilfe bei Störungen	80
Gewährleistung/Garantiebedingungen	88
Kundendienst	91
Recycling	93

Wichtige Sicherheits- und Warnhinweise

Wasser und Feuchtigkeit

Das Modell Mann darf auf keinen Fall längere Zeit in einem feuchten Kellergeschoss – womöglich noch mit gut gefülltem Weinregal – abgestellt werden (Volltrunkenheitsgefahr) oder mehr als drei Stunden in einem Badezimmer allein gelassen werden (extreme Rutschgefahr, da er beim Duschen aus unerfindlichen Gründen das gesamte Bad unter Wasser setzt).

Außerdem neigen Männer gelegentlich zum Bewässern von Grünanlagen, Telefonzellen, Bäumen, Gartenzäunen und Hauswänden mit Eigenurin. Diese Funktion wird vor allem bei öffentlichen Veranstaltungen (Stadt- und Volksfeste, Rockkonzerte etc.) und in Verbindung mit erhöhtem Flüssigkeitsgenuss (bevorzugt Alkohol) aktiviert und lässt sich nur in seltenen Einzelfällen deaktivieren.

Hitze

Lassen Sie Ihr Modell Mann niemals längere Zeit unbeaufsichtigt und uneingecremt in der prallen Sonne sitzen (etwa beim Schafkopfen mit Freunden im Garten oder Schwimmbad). Sein eingebautes Zeitmodul fällt bei direkter Sonneneinstrahlung häufiger aus, und er kommt garantiert mit einem ordentlichen Sonnenbrand, also jammernd, nach Hause.

Ermahnen Sie ihn außerdem in regelmäßigen Abständen freundlich, sein schütter werdendes Haupthaar zu bedecken, da die Sonne auch vor Geheimratsecken nicht Halt macht. Um seinen Flüssigkeitshaushalt müssen Sie sich hingegen keine Sorgen machen – den hat er garantiert im Griff!

Lüftung

Sorgen Sie stets und mit der erforderlichen Hartnäckigkeit für eine ausreichende Belüftung Ihres Mannes. Nur so können Sie Stinksocken, betäubend müffelnden Turnschuhen sowie unangenehmem Achselschweiß dauerhaft und vor allem erfolgreich vorbeugen.

Die Einhaltung der Belüftungsvorschriften ist in regelmäßigen Abständen zu überprüfen (Schnüffelkontrolle), da nicht wenige Standardmodelle „Deo" für eine karibische Insel halten und die Verwendung desselben noch nicht in ihr tägliches Reinigungsprogramm aufgenommen haben.

Das Entweichen von Darmwinden regulieren Sie am besten über eine streng kontrollierte Nahrungszufuhr.

Blitzschlag

Damit es bei heraufziehenden Gewittern (also drohendem Streit) nicht zu heftigen Entladungen Ihnen gegenüber kommt, ziehen Sie rechtzeitig den Stecker und entschärfen Sie die Situation. Dies gilt vor allem in Verbindung mit Alkoholgenuss, Müdigkeit und Stress. In diesen Situationen ist eine sachliche Austragung des Konflikts aufgrund des extrem unsensiblen und meist stoisch agierenden männlichen Betriebssystems nämlich nicht möglich. Provokationen jeder Art, die den Mann aus der Reserve locken sollen, sind nicht zulässig, da sie den Normalbetrieb stark gefährden.

Reinigung

Im Allgemeinen konnte die Selbstreinigungsfunktion dank des technischen Fortschritts in den letzten Jahren dahingehend optimiert werden, dass ein Eingreifen von weiblicher Seite nahezu überflüssig geworden ist.

Überprüfen Sie dennoch in regelmäßigen Abständen Details wie die Entfernung von Nasenhaaren, Zahnbelag und Ohrenschmalz, kontrollieren Sie Fußnägel, Zehenzwischenräume sowie den Halsbereich, achten Sie auf möglichen Mundgeruch (etwa durch übermäßigen Knoblauchgenuss) und sorgen Sie dafür, dass sein Revers schuppenfrei ist.

Platzveränderungen

 Auf Standortveränderungen reagieren die meisten Männer äußerst sensibel, daher ist ein Wechsel von Schlafplatz/Stammkneipe/Lieblingsitaliener/Autowaschanlage/Urlaubsort/Frisör/Zahnarzt/ Badesee/romantischem Kuschelplatz nur in dringend notwendigen Fällen und stets so einfühlsam wie möglich vorzunehmen. Bewährt hat sich hierbei neben klaren, keinen Widerspruch duldenden Ansagen die Aussicht auf diverse Verlockungen.

Gegen Stellungswechsel beim Sex wird Ihr Modell hingegen selten Einspruch erheben.

inbetriebnahme

Vor der Inbetriebnahme

Bitte vergewissern Sie sich vor der Inbetriebnahme, ob bei dem ausgewählten Mann alle Ihnen wichtigen Merkmale und Eigenschaften wie Persönlichkeit, Bindungsfähigkeit, Kinderwunsch, Treue, Humor, Attraktivität, Großzügigkeit, Intelligenz, Einfühlungsvermögen, Toleranz, Anschmiegsamkeit, Manieren oder Solvenz in ausreichendem Maße vorhanden sind.

Überprüfen Sie außerdem, ob etwaige Altlasten tatsächlich rückstandslos entsorgt wurden. Das betrifft nicht nur Bild- und/oder Adressmaterial von Exfreundinnen oder Exfrauen (inklusive E-Mail-Adressen und Handynummern) sowie zurückgelassene Haustiere, Möbel, CDs, Bücher, Kosmetika oder Spitzenunterwäsche, sondern auch eventuell in seiner Wohnung vorhandene Exemplare oder gar ganze Jahrgänge von *Playboy, Penthouse, SuperIllu* und ähnlichen Printmedien sowie Video-, DVD- und andere visuelle Speichermedien, die eindeutig pornografische Inhalte aufweisen.

Was mentale Altlasten angeht, etwa von Ihrer Vorgängerin eingeimpfte Vorstellungen von Romantik, oder Schuld- bzw. sonstige eindeutig zu intensive Gefühle seiner Mutter gegenüber, so drücken Sie schnellstmöglich die Reset-Taste, um eine vollständige Löschung der Festplatte vorzunehmen. Bei besonders hartnäckigen Modellen ist der Vorgang mehrmals zu wiederholen.

Sollten Sie bereits in der Kennenlernphase etwaige ⇨Konstruktionsfehler oder andere nicht behebbare negative Eigenschaften feststellen, so überlegen Sie sich gut, ob Sie diesen Zustand dauerhaft akzeptieren können, und handeln Sie entsprechend.

> **VORSICHT!**
> Beachten Sie dabei, dass die einzelnen Modelle trotz größter Sorgfalt bei der Produktion und neuester Technik nicht gegen Funktionsstörungen und ⇨versteckte Fehlfunktionen gefeit sind.

Verschließen Sie auf keinen Fall die Augen vor der Wirklichkeit und warten Sie mit dem großen Reality-Check nicht erst, bis Ihnen nach der ersten Verliebtheit die rosarote Brille von der Nase gerutscht ist. Sie könnten sonst allzu hart auf dem Boden der Tatsachen aufschlagen.

Falls Sie nämlich erst nach
➤ dem gemeinsamen Hauskauf,
➤ sechsdreiviertel Jahren, in denen Sie ihn durchgefüttert und sein Selbstbewusstsein immer wieder von neuem aufgebaut haben,
➤ der Aufgabe Ihres geliebten Jobs und dem Verzicht auf die angestrebte Karriere,
➤ dem dritten Kind und mehreren Jahren frustriertem Hausfrauendasein,

inbetriebnahme

➤ der vierten Affäre in Folge (mit anschließenden Beteuerungen wie: „Aber ich liebe doch nur dich" und „Das hat doch mit uns gar nichts zu tun"), die Sie ihm bisher alle großmütig verziehen haben,

➤ mehreren Jahren des Leidens, in denen Sie sich – ganz entgegen Ihrer Basisprogrammierung – entschlossen haben, mit seiner Mutter Frieden zu schließen und über ihre Einmischungsversuche in Ihr tägliches Leben (u.a. der tägliche Speiseplan, die Erziehung Ihrer Kinder, die von Ihnen bevorzugte Unterhosenfalttechnik) einfach zu ignorieren,

➤ nachdem Sie sich an die Tatsache gewöhnt haben, dass er ab und an seine Freiräume braucht und mit seinen Freunden zum Fußball und danach in die Kneipe gehen muss, obwohl dieses Verhalten Ihre Gefühle noch immer verletzt,

➤ nachdem Sie Ihre Ernährungsgewohnheiten ihm zuliebe umgestellt haben und sich beim Kochen auch schon mal an aufwendigere Fleischgerichte wagen, weil sein Magen in regelmäßigen Absänden danach verlangt (und Sie sich von Ihrer Schwiegermutter nicht ewig vorhalten lassen wollen, dass Sie ihm nichts Anständiges zu essen vorsetzen),

➤ dem fünften Jahresurlaub auf demselben Campingplatz in Kroatien, weil ihm alles andere einfach zu teuer ist und „andere Idioten die Wucherpreise an der italienischen Adria bezahlen können",

erkennen, dass Ihre törichte Hoffnung, den Mann Ihrer

inbetriebnahme

Wahl beliebig nach Ihren Wünschen ändern und formen zu können, sich niemals erfüllen wird, ist es nämlich längst zu spät.

Daher gilt: Prüfen Sie Ihren Mann rechtzeitig auf Herz und Nieren, stellen Sie seine Alltagstauglichkeit auf die Probe und unterziehen Sie ihn einer eingehenden äußerlichen Inspektion bei Tageslicht, bevor Sie sich langfristig an ihn binden.

Nutzen Sie gegebenenfalls (also im Falle der völligen Unbrauchbarkeit) die gesetzlich vorgegebene Umtauschfrist oder machen Sie von Ihrem garantierten Rückgaberecht Gebrauch. Weitere Informationen hierzu finden Sie unter ⇨Garantiebedingungen.

Lassen Sie sich bei der eingehenden Prüfung Ihres Modells keinesfalls von Verliebtheit, hormonell bedingten Gefühlsschwankungen oder sonstigen die Sinneswahrnehmungen beeinträchtigenden Gefühlen blenden. Bei etwaigen Täuschungsmanövern sowie diversen Vertuschungsversuchen seinerseits (besonders beliebt sind hier der

WICHTIG!
Bitte denken Sie daran, dass Umtausch und Rückgabe lediglich vor Eintritt in die Ehe unkompliziert möglich sind. Spätere Ansprüche können im Einzelfall nicht nur mit unschönen Szenen und heftigen Familienzerwürfnissen einhergehen, sondern im Falle einer Scheidung auch mit hohen Kosten und erbittertem Streit um die Kinder verbunden sein.

romantische Mann von Welt, der perfekte Ehemann, der starke Beschützer, der große Zampano, der zärtliche Verführer und der aufmerksame Gentleman) ist zudem besondere Vorsicht geboten.

Auch zu Eile und unüberlegten Spontanentscheidungen drängende Nebengeräusche, etwa das – je nach Alter und persönlicher Situation mehr oder minder laute – Ticken Ihrer biologischen Uhr, sollten Sie nicht in Ihrer Entscheidung beeinflussen und das objektive Prüfungsergebnis verfälschen.

Seien Sie auf jeden Fall kritisch und gehen Sie selbst den kleinsten Merkwürdigkeiten (etwa beharrlichem Schweigen oder gar Aussageverweigerung über seine Vergangenheit, das Vorenthalten von Freunden und Bekannten, Bekundungen von Zuneigung und Respekt sowie Entgegenkommen nur unter Ausschluss der Öffentlichkeit) lieber sofort auf den Grund. Sonst vergeuden Sie womöglich kostbare Lebenszeit damit, ihm die Socken hinterherzuräumen, seine Hemdkragen von Schweißspuren zu befreien oder ihm gar bereits das dritte Aufbaustudium zu finanzieren.

TIPP!

Seien Sie bitte ehrlich zu sich selbst, es nutzt Ihnen nur wenig, wenn Sie sich etwas vormachen – das böse Erwachen kommt bestimmt.

inbetriebnahme daten

Im Übrigen bleibt es Ihnen überlassen, ob Sie Ihre beste Freundin/Familienangehörigen/Arbeitskolleginnen/Mitbewohnerinnen/Psychologin/neugierige Nachbarin, die Leiterin Ihrer Selbsthilfegruppe oder Ihren Hausarzt zur Entscheidungsfindung heranziehen und um eine kurze Einschätzung des von Ihnen gewählten Modells bitten.

> **ACHTUNG!**
> Bedenken Sie jedoch, dass letztlich Sie selbst mit Ihrem Mann glücklich werden müssen und dass subjektive Einzelwertungen von befragten Außenstehenden nur Anhaltspunkte für Sie sein können. Die Wahl müssen Sie dann schon selbst treffen, denn wer für Sie Hauptgewinn oder Niete ist, das wissen und entscheiden einzig und allein Sie.

Allgemeine technische Daten

Lebenserwartung:	74,4 Jahre (statistisches Mittel)
Größe:	1,81 Meter
Gewicht:	75 Kilogramm
Schuhgröße:	44
Erste Beziehung:	mit 17 Jahren
Anzahl der Beziehungen bis zur Hochzeit:	3,5
Anzahl der Sexualkontakte bis zur Hochzeit:	ungleich mehr

Gehirn: es ist zwar größer als Ihres, aber machen Sie sich keine Sorgen: Schlauer als Sie ist der Mann deswegen noch lange nicht. Nur sagen sollten Sie ihm das nach Möglichkeit nicht.

Haare/Frisur: falls tatsächlich ausreichender Haarwuchs vorliegt, existieren zahlreiche Gestaltungsvarianten. Vom militärischen Bürstenschnitt oder dem kahle Stellen umgebenden und daher eventuell abrasierten Haarkranz über die modische Wuschelfrisur bis hin zur Langhaarmähne ist vieles möglich. Absolute Fehlkonstruktionen wie der klassische Vokuhila sowie Popperschnitt samt Oberlippenbart oder quer über den Scheitel gekämmtes, leicht pomadisiertes Resthaar wurden inzwischen wegen wiederholten Protesten von Seiten der Anwenderinnen aus dem Programm genommen. Trotz diverser Rückrufaktionen sind noch immer einige Auslaufmodelle in Umlauf.

Bauch: hat in den seltensten Fällen tatsächlich Ähnlichkeit mit dem berühmt-berüchtigten Waschbrett; am weitesten verbreitet ist das Modell Wampe, also mit Ansatz, oder gar die in den Größen mini, klein, mittel, normal, deutlich sichtbar, groß, riesig und super erhältliche Kugel, die wiederum jeweils in den Varianten fest oder wabbelig vorrätig ist.

Po: für die meisten Frauen der beliebteste Gerätebaustein schlechthin, jedoch nur bei knapp 30 Prozent aller verfügbaren Exemplare im Idealzustand, nämlich knackig. Leider gibt es trotz umfangreicher Än-

allgemeine technische daten

TYP DURCHSCHNITTSMODELL (deutsch)

derungen der Produktionslinie nach wie vor auch einige sehr unschöne, da extrem flache Exemplare mit nichts als heißer Luft in der Hose. Hervorlugende Pofalten wurden jedoch nahezu gänzlich aus dem Programm genommen.

Bestes Stück: ist im erigierten Zustand in der Regel 14,49 Zentimeter lang und 3,57 Zentimeter dick. Damit liegt der deutsche Mann in Europa im oberen Mittelfeld und müsste sich eigentlich keineswegs Sorgen um die rechte Größe machen – und dennoch tut er es. Die korrekte Bedienung entnehmen Sie bitte diversen Sexratgebern, oder Sie regulieren die Funktion selbst über die Mechanismen der Feineinstellung. Ihrer Phantasie sind dabei keine Grenzen gesetzt.

Tischmanieren: sind eher zufällig, denn grundsätzlich gilt beim Essen: Hauptsache schnell, heiß und viel!

Häufigste Bekleidungssünden: weiße Tennissocken auch außerhalb von Sportstätten (werden zum Glück immer seltener), Slipper und Sakko zur zu engen Jeans, Wollpullover in der Hose, Socken in Sandalen, Krawatten mit witzigen Motiven, Ballonseide plus Adiletten auf offener Straße, Feinripp (auch wenn von Schiesser) unterm modischen weißen Crinklehemd (man sieht es eben doch durch), Sandalen zur Anzughose.

Bevorzugtes Getränk: Bier – wird gerne in größeren (meist sogar rauen) Mengen konsumiert.

Typische Eigenschaften/innere Merkmale: Feigheit, Stolz, grenzenlose Selbstüberschätzung, angeborenes und durch so gut wie nichts zu erschütterndes Selbstbewusstsein, Unfehlbarkeitssyndrom, latente Neigung zur Polygamie, ausgeprägte erotische Phantasie, Schweigsamkeit.

Produktbeschreibung/ Technische Daten

Diese Gebrauchsanleitung gilt für alle gängigen Männertypen, die derzeit auf dem deutschen Markt erhältlich sind. Die allgemeinen technischen Daten beziehen sich auf den üblichen, im Großen und Ganzen alltagstauglichen Allerweltsmann (auch Standardmodell genannt) und sollen lediglich einen unverbindlichen Anhaltspunkt bieten.
Gewisse Abweichungen in Form, Farbe, Eigengeruch, Größe sowie Charakter sind möglich. Sie allein berechtigen jedoch nicht (außer in besonders schweren Einzelfällen) zu Umtausch oder Ersatz.

Grundsätzlich sind alle äußeren Merkmale, von Größe über Alter, Leibesumfang sowie Farbe der Haare (sofern vorhanden) kombinierbar mit allen erdenklichen Charaktereigenschaften, Familien- und Kontoständen. Auf diese bunte Vielfalt an Möglichkeiten haben Verlag und Verfasserin dieser Gebrauchsanleitung jedoch keinen Einfluss. Eine Gewährleistung hierfür wird daher ausgeschlossen.

Egal ob Sie sich nun für das Modell Standard/ Macho/ Weichei/Rohling/Nörgler/Angeber/Sexgott/Romantiker/ PC-Freak/Künstler/Besserwisser/Fetischist/Geizkragen/ Bastler und Heimwerker/Schwätzer/Workaholic/Voll-

produktbeschreibung | technishe daten

trottel/Witzbold/Jasager/Kavalier/Softi/Feigling/Ehrgeizling/Frauenversteher/Latin Lover/einsamer Wolf/ Muttersöhnchen/Chauvi/Supermann/kleiner Perversling/ Sensibelchen/Weiberheld/Haderer/Trampel oder Normalo★ entschieden haben – die in dieser Bedienungsanleitung erklärten technischen Basisdaten sowie gewisse Grundeinstellungen sind bei nahezu jedem Mann gleich.

★ Nichtzutreffendes auf Wunsch streichen bzw. Zutreffendes per Leuchtstift hervorheben.

> **ACHTUNG!**
> Bitte denken Sie daran: Wer jedoch eigenmächtig Änderungen an den Basisfunktionen – etwa das An- und Abtrainieren von schlechten Gewohnheiten und andere Erziehungsversuche – vornimmt, ist für das Endergebnis selbst verantwortlich. Näheres hierzu finden Sie auch unter ⇨ Kundendienst.

Allgemeine Hinweise

 **TIPP!**

Samthandschuhe können die Lebensdauer eines Mannes im Einzelfall verlängern, bringen allerdings übermäßig angewandt meist nicht mehr den gewünschten Effekt und sind daher nur äußerst sparsam und gezielt einzusetzen.

Das gleiche Prinzip (nämlich: Weniger ist mehr!) gilt übrigens auch für zu harte Bandagen oder wiederholtes Streiten. Schließlich ist der als häufig konfliktscheu bekannte Durchschnittsmann in erster Linie auf Seelenfrieden programmiert und geht zermürbenden Diskussionen möglichst aus dem Weg.

Zum möglichst störungsfreien Betrieb sowie zur Werterhaltung Ihres Modells empfiehlt sich eine dauerhaft sorgfältige, faire, gleichberechtigte und aufmerksame Behandlung und Pflege.

Bitte reinigen Sie Ihr Modell Mann regelmäßig und vor allem gründlich von Vorurteilen, Machoallüren, Faulheit, Unordnung sowie kollektivem Größenwahn. Dafür sind allerdings ausschließlich weiche und negative Eigenschaften bindende Argumente, klare Ansagen oder sanfte, humorvolle Sticheleien zu verwenden.

Lediglich in ausgesprochenen Notfällen ist der Einsatz von scharfen Reinigungsmitteln wie Ellenbogen (gezielte Rippenstöße wirken tatsächlich manchmal Wunder), Nudelhölzern, Handtaschen, Porzellan oder ein wohl platzierter Kniestoß in die Weichteile (bitte wirklich nur in Notsituationen!) anzuraten.

allgemeine hinweise

Sollte Ihr Mann trotz wiederholter Versuche und mehrmaligem guten Zureden nicht tun, was Sie wollen, müssen Sie auf die zweite, notfalls sogar die dritte Betriebsstufe (auch: härtere Gangart) zurückgreifen. Erfahrene Anwenderinnen werden rasch herausfinden, worauf ihr aktuelles Modell am besten reagiert: ob auf hysterische Wutausbrüche, Vorwürfe, Tränen, Drohungen (egal ob Sexentzug oder mit dem Anwalt), lautes Schluchzen, ausgedehntes Nörgeln, Schmollen, Erpressung oder das Erzeugen von schlechtem Gewissen.

Auf Andeutungen, subtile Aufforderungen, hintergründige Fragen und unterschwellige Bitten sowie versteckte Hinweise können Sie getrost verzichten. Damit überfordern Sie das männliche Gehirn nur – reden Sie lieber Klartext, sonst versteht er Sie nicht (einzige Ausnahme: das Üben von ⇨Kritik). Wenn Sie darauf hoffen, dass er schon weiß, was Sie meinen, oder gar in der Lage ist, Ihre Gedanken zu lesen, können Sie warten bis zum Sankt Nimmerleinstag. Dazu ist der Mann schlichtweg nicht ausgelegt. Wer sich damit nicht zufrieden geben will, kann sein Modell Mann gegen Aufpreis mit der entsprechenden ⇨Zusatzfunktion ausstatten.

Allerdings raten wir Ihnen dringend davon ab, zur Erlangung von Kontrolle über Ihren Mann Module wie Spott, Sarkasmus, Foppereien und Ironie einzusetzen. Darauf sind die gängigen Modelle nämlich überhaupt nicht eingestellt, sie reagieren nur selten wie erwartet oder gewünscht. In Einzelfällen kann es bei zu großer Belastung sogar zu Betriebsstörungen wie Impotenz, Flucht und sonstigen Überreaktionen kommen, die nur schwer wieder zu beheben sind.

 **TIPP!**

Tagelanges Schweigen als Erziehungsmittel können Sie sich im Übrigen getrost sparen, damit tun Sie ihm höchstens einen Gefallen.

Systemfunktionen einstellen

Beim Modell Mann handelt es sich (im Gegensatz zum Modell Frau) um ein recht simples Exemplar der Gattung Mensch.

Betriebssystem

Der Mann verfügt über ein leicht zu bedienendes, eher emotionsloses Betriebssystem. Prinzipiell äußert jeder Mann seine Wünsche, Ansichten und Bedürfnisse jederzeit und überall sehr direkt,

TIPP!
Wenn Sie diese grundlegende Tatsache beim täglichen Umgang mit Ihrem Exemplar beachten, steht einem reibungslosen Normalbetrieb grundsätzlich nichts im Wege.

ohne Hintergedanken und ohne größere Überlegungen. Hierbei ist zu beachten, dass die meisten Standardmodelle ausschließlich sich selbst gegenüber sensibel sind. Des Weiteren sind Männer, wenn es um ihr Privatleben geht, in der Regel recht arglos und nur selten berechnend. Dieses Tool heben sie sich ebenso wie intrigante Machtspiele und Kompetenzgerangel für ihr Berufsleben auf. Lediglich Fehlfunktionen wie Notlügen und Schwindeleien können hin und wieder auftreten, sind aber zumeist harmloser Natur und dienen lediglich der Erhaltung des Haussegens.

Bequemlichkeit

Ein weiteres wichtiges (und nicht zu unterschätzendes) Modul, das ein jedes Standardmodell auszeichnet, ist die

> **VORSICHT!**
> Einige Modelle neigen zu größeren Störungen wie handfesten Lügen, und entwickeln sich mitunter zu waschechten Lügenbaronen. Vor diesen Exemplaren sei hier ausdrücklich gewarnt, da sie nur ihren persönlichen Vorteil im Sinn haben und für eine dauerhafte Partnerschaft nicht geeignet sind.

Bequemlichkeit. Männer gehen jeder Form von Unannehmlichkeiten – seien es Streitigkeiten, Diskussionen, Zukunftsgespräche, Hochzeitspläne, Gefühlsbekundungen – ebenso wie körperlichen Anstrengungen, die nicht ihrer Lieblingssportart entsprechen, nur zu gerne aus dem Weg. Sie können also getrost annehmen, dass Ihr Mann im Zweifelsfall den für ihn bequemsten Weg einschlagen wird, und rechtzeitig gegensteuern (Sie wissen schon: ein bisschen loben, verlockende Anreize in Aussicht stellen – das übliche Programm eben). Gehen Sie dabei möglichst geschickt vor und lassen Sie sich Ihre Absicht, regulierend einzugreifen, nicht anmerken.

Zahlreiche Anwenderinnen unterschätzen die Bequemlichkeit des Standardmodells und bedrängen Ihren Mann mit zu hohen Forderungen. Trotz aller Voraussicht kommt es daher leider immer wieder zu unschönen Funktionsstörungen wie Rückzug oder Flucht.

Um diese künftig zu vermeiden, sei hier in aller Deutlichkeit festgehalten:
➤ Nach der Anfangsphase, in der sich ein Mann auch

systemfunktionen einstellen

schon mal richtig ins Zeug legen kann, lassen die Komplimente von seiner Seite merklich nach. Das heißt nicht (!), dass er Sie nun weniger schön findet oder nicht mehr liebt, er geht lediglich davon aus, dass er es Ihnen inzwischen oft genug gesagt hat und Sie es nun wissen. Männer meinen, ihre Anerkennung nicht ständig in Worte fassen zu müssen.

➤ Kein Mann würde länger mit einer Frau zusammen sein, die ihm nicht gefällt (das funktioniert ausschließlich bei One-Night-Stands – dort aber ziemlich gut).
➤ Männer wollen ab und zu einfach nur mal ihre Ruhe. Das hat nichts (aber auch gar nichts) mit Ihnen zu tun und ist deshalb auch nicht persönlich zu nehmen.
➤ Wenn ein Mann Nein sagt, dann meint er auch Nein und nicht etwa Vielleicht oder gar Ja; er taktiert auch nicht noch verfolgt er mit seiner Antwort einen geheimen Zweck – solche Strategien liegen ihm fern.

Die Bequemlichkeit fast aller Standardmodelle lässt sich nur selten über die diversen Schaltebenen einstellen. Vor allem vehementes Einfordern von Zuneigungsbekundungen bewirkt häufig, dass der entsprechende Regler automatisch auf null zurückfährt. Genießen Sie daher all die freiwilligen (wenn auch kleinen) Gesten, die Ihnen seine Bewunderung und Zuneigung manchmal sogar deutlicher zeigen als ein paar mühsam abgerungene Worte. Klemmt der Aufmerksamkeitsschalter hinge-

systemfunktionen einstellen

> ⚡ **WICHTIG!**
> Vor allem eines dürfen Sie nie vergessen: Fremdgehen ist für manche Männer viel bequemer, als sich mit der eigenen, ihn immerzu fordernden Partnerin auseinander zu setzen.

gen dauerhaft, hilft meist nur noch die Aktivierung der optischen Reizsensoren – etwa durch die unter ⇨ persönliche Frischzellenkur genannten Aktivitäten.

Feigheit

Neben der Bequemlichkeit ruft vor allem das Feigheitsmodul regelmäßig Betriebsstörungen hervor. Leider ist Ihr Mann nach wie vor so programmiert (die dringend notwendige Optimierung ist in Arbeit), dass er in Konfliktsituationen die Wahrheit zu seinen Gunsten verdreht oder absurde Ausreden aus der Mottenkiste kramt. Darauf angesprochen behauptet der Mann gerne, er tue dies nur, um seinem Gegenüber nicht allzu viel zuzumuten und es auf diese Weise nicht so sehr zu verletzen. Dabei ist er sich meist nicht bewusst, wie dilettantisch und durchschaubar er bei diesen Manövern agiert – und diese Erkenntnis kann für Sie erst recht schmerzlich sein.

So ist häufiger zu beobachten, dass der Mann auf das immergleiche Verhaltensmodul zurückgreift, wenn er beispielsweise seiner Partnerin einen Seitensprung gestehen will oder sich gar von ihr trennen möchte. In der erstgenannten Situation ist es ihm lieber, Sie entdecken irgendwelche verräterischen Indizien und hegen schließlich einen ⇨begründeten Verdacht, als Ihnen seine Fehlfunktion zu gestehen. Auch hier kann er dann nämlich in die Defensive gehen und Ihnen Tyrannei, überzogene Eifersucht etc. vorwerfen und im Extremfall behaupten, Sie hätten ihn erst in die Arme der Geliebten getrieben (eine gewisse theatralische Ader kann ihm hierbei nicht gänzlich abgesprochen werden).

Im zweiten Fall wird er in der Regel so lange Überarbeitung, Stress im Büro, Verpflichtungen im Sportverein u. ä. vorschieben und sich zunehmend zurückziehen (also dem drohenden Klärungsgespräch aus dem Weg gehen), indem er nur noch nach Hause kommt, wenn Sie schon schlafen, und morgens das Haus verlässt, wenn Sie noch schlafen, bis Sie von selbst auf die Idee kommen, sich von ihm zu trennen. Dann schlüpft er erleichtert in die Opferrolle und bietet Ihnen großzügig an, doch gute Freunde zu bleiben.

INFO!

Zwar reagiert ein Mann von sich aus nur selten berechnend, doch ist dies so gut wie immer der Fall, wenn die Module Bequemlichkeit und Feigheit zum Einsatz kommen.

Standort/Betriebsumfeld

Bei der Wahl des idealen Betriebsumfelds Ihres Modells sollten Sie die folgenden Komponenten beachten. Mindestens drei davon sind gleichzeitig nötig, damit ein ausreichendes Wohlbefinden gewährleistet ist.

systemfunktionen einstellen

 **TIPP!**

Beachten Sie hierbei bitte, dass der Mann als solcher über einen extrem ausgeprägten Spieltrieb verfügt, der sein Wohlgefühl maßgeblich beeinflusst.

1. Der optimale Standort befindet sich in der Nähe

a) eines gut gefüllten Kühlschrankes,
b) eines Bierkastens oder Zapfhahns,
c) eines Bettes (gern mit Ihnen darin – selbstverständlich spärlich bis gar nicht bekleidet),
d) eines Sofas,
e) eines Flippers, Kickers oder Billardtisches,
f) eines gedeckten Tisches, auf dem das dampfende Essen bereits auf ihn wartet,
g) einer Carrera-Bahn, die idealerweise Ihrem Sohn gehört, damit er eine gute Ausrede hat,
h) eines Dolby-Surround-Digital-Heimkino-Riesenleinwand-Fernsehers mit Premiere-Decoder und/oder 73 Sportprogrammen,
i) eines Computers mit dem allerneusten technischen Schnickschnack plus sämtlichen ultimativen Videospielen sowie einer gigantischen Festplatte, damit er den ganzen Sonntag in Ihren Augen völlig unnötige Dinge (wahlweise Filme, MP3-Dateien, Computerprogramme und/oder Updates, Single-Auskopplungen etc.) herunterladen kann.

systemfunktionen einstellen

2. Als optimaler Standort mit höchstem zu erreichendem Wohlfühlfaktor eignen sich außerdem

a) diverse Fußballstadien, Kartbahnen, Motodrome und andere Sportstätten,
b) die IAA (Internationale Automobilausstellung),
c) Vereinsheime und -gaststätten,
d) die Hobbywerkstatt (wahlweise auch diverse Bau- und Heimwerkermärkte sowie umfunktionierte Garagen),
e) die neueste Helmut-Newton-Ausstellung,
f) sein Fitnessstudio mit allzeit anwesender persönlicher Muskelaufbau-Trainerin,
g) der neue Maserati/Ferrari/Porsche/Lamborghini (auf jedem Fall ein Sportwagen mit vielen PS und ebenso hohem Neidfaktor),
h) die Cebit,
i) Kinofestivals mit Star-Trek-, Action- oder Scifi-Double-Features.

3. Vom Mann gerne genossene Begleitumstände des idealen Standortes sind

a) attraktive, ihn anhimmelnde Frauen in sexy Outfits (diesmal ohne Sie in Sichtweite),
b) eine Regalwand mit all seinen Lieblingscomics,
c) jede Menge feste und flüssige Nahrung sowie Zigaretten in Reichweite,
d) reichlich Spielgerät, vom MP3-Player über Handy, USB-Stick und Palm bis hin zu Autos, Computer, Heimwerkerbedarf und Logikspielen von Bartl,

e) eine ausreichende Anzahl von Gleichgesinnten zum Fachsimpeln,
f) immer genügend Geld in der Tasche,
g) wenn er mit seinem Wissen prahlen und vor anderen gut dastehen kann (vor allem, wenn weit und breit kein ernst zu nehmender Konkurrent in Sicht ist),
h) Herausforderungen, die von einem Erfolgserlebnis gekrönt sind.

Doch es gibt noch weitere Faktoren, die dazu beitragen können, dass Ihr Modell sich rundherum wohlfühlt. Die hierfür erforderlichen Einstellungen sind wahrlich nicht kompliziert und lassen sich meist überall und jederzeit vornehmen.

Grundsätzlich schätzt der Durchschnittsmann es sehr
a) um Rat gefragt oder um seine Meinung gebeten zu werden,
b) den Retter in der Not zu spielen (egal ob Spinne im Schlafzimmer, verstopfter Abfluss, abgestürzter PC, liegen gebliebenes Auto),
c) seine Stärke unter Beweis stellen zu dürfen,
d) schlauer zu sein als sein Gegenüber,
e) für seine Intelligenz/Leistung bewundert zu werden,
f) schneller und/oder besser zu sein als andere.

Natürlich gibt es auch Standorte, an denen sich die meisten Standardversionen alles andere als wohl fühlen und

systemfunktionen einstellen

die daher keinesfalls für Ihren Mann geeignet sind. Eine dauerhafte Nichtbeachtung dieser Tatsache kann unter Umständen schwerwiegende Folgen haben. Daher sollten Sie Ihr Modell möglichst von diesen Orten fern halten.

Hierzu gehören:

a) Orte, an denen es nach Krankheiten, Narkotika oder Arzneimitteln riecht, also Arztpraxen (besonders Urologen und Gynäkologen), Krankenhäuser sowie Notfallambulanzen,

b) kulturelle Einrichtungen wie Museen (ausgenommen das Deutsche Museum in München, das Automuseum Sinsheim und das Deutsche Eisenbahnmuseum), Konzertsäle (vor allem bei Klassikveranstaltungen) und Opernhäuser,

c) Partys, zu denen Sie mit Begleitung eingeladen wurden und auf denen er niemanden kennt,

d) esoterische Gesprächsrunden, in denen es nicht nur darum geht, Gefühle zuzulassen (schlimm genug), sondern auch noch darüber zu reden,

e) die Vernissage Ihrer besten Freundin,

f) Einkaufspassagen und -straßen, hauptsächlich Boutiquen und Damenoberbekleidungsgeschäfte (ob nun H&M, Peek & Cloppenburg oder Designerladen) sowie Schuhgeschäfte jeder Couleur,

g) Waschkeller und andere Räumlichkeiten, in denen Haushaltsgeräte wie Waschmaschine, Trockner,

Staubsauger, Geschirrspüler etc. auf ihre Nutzung warten,

h) Veranstaltungen, bei denen er sich genötigt sieht zu tanzen, etwa Hochzeiten oder Bälle.

Sollten Sie Ihren Mann dennoch einmal gegen seinen Willen zum Aufsuchen eines dieser Orte nötigen, so rechnen Sie bitte jederzeit mit Kollateralschäden. Hierzu gehören unter anderen erhöhter Alkoholgenuss, unqualifizierte Bemerkungen, besonders auffällig zur Schau getragenes Desinteresse, hartnäckige Überredungsversuche zum vorzeitigen Verlassen des Standortes sowie diverse heimliche, wenn auch in der Regel schlecht vertuschte Fluchtversuche seinerseits („Ich geh dann mal Zigaretten holen/zur Toilette/frische Luft schnappen/nachsehen, ob das Auto noch da ist/mit dem Hund raus/Schnee schippen/Jens anrufen" oder „Ich glaub, mir ist schlecht/im Büro ist der PC mit den geheimen Daten noch an").

Energieversorgung

Neben der Suche nach geeigneten Standorten ist auch die regelmäßige Versorgung mit ausreichend Energie von nicht zu unterschätzender Bedeutung. Bei der täglichen Treibstoffzufuhr sollten Sie zwischen fester und flüssiger Nahrung unterscheiden. Dabei ist Letztere aus seiner Sicht (ganz im Gegensatz zu Ihrer und der des behandelnden Hausarztes) die wichtigere.

systemfunktionen einstellen

Gerne nimmt der Mann größere Fleischportionen (Rumpsteak, tellergroße Schnitzel, Hamburger, Riesen-Currywurst o. ä.) zu sich. Zu seinen bevorzugten Sättigungsbeilagen gehören Pommes frites, Bratkartoffeln oder sonstige möglichst cholesterinhaltige Alternativen wie Spiegeleier oder Kräuterbutter. Dazu verlangt er so gut wie immer nach Ketchup, egal ob es üblicherweise zum jeweiligen Gericht gereicht wird oder nicht – er ist ohnehin immer der Meinung, dass es dazu passt (Diskussionen sind also zwecklos).

Regelmäßiges Nachsalzen oder gründliches Pfeffern – natürlich ohne vorher zu probieren – dürfen Sie nie persönlich nehmen oder daraus Rückschlüsse auf Ihre Kochkünste ziehen. Es handelt sich hierbei um einen nicht abzustellenden Automatismus, der im Alter von etwa zehn Jahren ohne jede Fremdeinwirkung aktiviert wird und nur in der Jugend durch sofortiges Gegensteuern deaktiviert werden kann (demnach ist eindeutig seine Mutter schuld).

Lean Cuisine samt magerem, gedünstetem Fisch oder rein vegetarische Kreationen schätzt er dagegen weniger, also servieren Sie ihm eher selten Gemüse und schon gar keine Rohkost (ist seiner Meinung nach nur für Kaninchen und andere Nager geeignet).

Leider führt dieses Essverhalten in der überwiegenden Zahl aller Fälle zu einer deutlichen Gewichtszunahme,

systemfunktionen einstellen

 **TIPP!**

Wollen Sie Ihr Standardmodell auf kalorien-, cholesterin- oder fettarme Ernährung umstellen, so ist mit einem langwierigen und komplizierten Prozess zu rechnen. Am besten, Sie gehen schrittweise vor und agieren mit weiblicher Raffinesse: Wenn Sie ihm die Vorteile schmackhaft machen und Ihr Vorhaben nicht vorher ankündigen, dann sind die Erfolgsaussichten nicht ganz so gering.

zumal gerade das Standardmodell nach abgeschlossener Brautschau in der Regel nicht mehr allzu viel Zeit und Energie in den Erhalt seiner Körperformen steckt. Um unschönen Deformierungen sowie ernsthaften Gesundheitsproblemen vorzubeugen, die in der Regel mit einer deutlichen Einschränkung der Funktionstüchtigkeit und damit der diversen Einsatzmöglichkeiten einhergehen, sollten Sie Ihren Mann mit den altbewährten ⇨Reinigungsmitteln entweder zu einer Diät oder zu vermehrter sportlicher Betätigung animieren.

INFO!

Damit Sie nicht irgendwelchen falschen Hoffnungen aufsitzen und hinterher nur enttäuscht werden, sei an dieser Stelle gesagt: Die in der Phase der ersten Verliebtheit und zur Brautwerbung demonstrierten Kochkünste fallen nicht unter diesen Punkt und müssen – da meist nicht von Dauer – gesondert betrachtet werden.

systemfunktionen einstellen

Bei der Nahrungszubereitung hält sich der Mann generell lieber im Hintergrund, obwohl gerade in diesem Bereich in den letzten Jahren dank neuester Technik unglaubliche Fortschritte erzielt werden konnten. So greifen die aktuellen Modelle doch zunehmend selbst zum Kochlöffel, und wenn die Ergebnisse auch nicht immer zufriedenstellend ausfallen, so sollte doch der gute Wille gewürdigt (und lautstark gelobt) werden.
Zur Höchstform unter Einsatz sämtlicher ihm eingebauten technischen Raffinessen läuft der Mann jedoch auf, wenn es um die archaischste aller Formen der Nahrungszubereitung geht: das Grillen.

Zwar darf die Frau dabei durchaus im Hintergrund agieren und sämtliche niederen Arbeiten übernehmen, darunter:
➤ das Einkaufen aller Zutaten
➤ das Zubereiten von dreizehn verschiedenen Soßen und diversen Salaten
➤ das Schälen von Kartoffeln
➤ das Einlegen des Fleisches
➤ das Kaltstellen der Getränke
➤ das Decken des Tisches
➤ das Vorbereiten der Bowle

Doch kaum ist die große Stunde gekommen, die Gäste sind alle anwesend und wurden von der Gattin mit Getränken versorgt, legt er die Schürze an und übernimmt

systemfunktionen einstellen

den Grill – samt Kommando. Nun lässt er sich allenfalls noch die lästigen Hilfstätigkeiten wie das Anreichen der Grillzange, das Herbeischaffen von Grillanzünder und Streichhölzern sowie seine Versorgung mit alkoholischen Kaltgetränken abnehmen – den Rest hat er voll und ganz im Griff.

Besonders beliebte Gesprächsthemen zwischen Gastgeber und männlichen Gästen, die sich zumeist nach wenigen Minuten mit fachkundiger Miene um den Grill versammeln wie sonst nur um das neueste Ferrari-Modell, sind
➤ die richtige Kraft/den idealen Glühpunkt der Holzkohle,
➤ die ideale Windrichtung,
➤ der beste Grillanzünder,
➤ die geschickteste Platzierung sämtlicher Würstchen und Steaks auf dem Grillrost,
➤ die wichtigsten Vor- und Nachteile bei der Verwendung von Alufolie,
➤ die richtige Garzeit von Rindswürsten,
➤ der einzig wahre Wendezeitpunkt von Nackensteaks
➤ und nicht zuletzt der beste Grill.

Diesem Phänomen entgegenzuwirken, wird in Fachkreisen als sinnlos eingestuft, daher sollten Sie es mit dem nötigen Humor klaglos hinnehmen und lediglich schmunzelnd beobachten.

Pflege und Wartung

Allgemeines/Grundbedürfnisse

Um einen Mann gut zu pflegen und bei Laune zu halten, braucht es in der Regel nicht viel:

- ✔ ein bisschen Liebe
- ✔ ein wenig Engagement
- ✔ ausreichend Gelassenheit
- ✔ ein bisschen Goodwill
- ✔ etwas Sinn für Humor
- ✔ ausreichend Geduld

Die Grundbedürfnisse des Mannes sind im Allgemeinen schnell befriedigt. Sie lauten: viel Sex, jede Menge Schlaf, ausreichend Nahrungszufuhr (vorzugsweise flüssig) sowie zwischendurch immer wieder genügend Ruhe (dazu zählen auch längere Sprechpausen).

Sorgen Sie daher vor allem dafür, dass Ihr Mann stets ausreichend Entspannung findet. Das erhöht sein allgemeines Wohlbefinden, steigert seine Zufriedenheit und macht den Umgang mit ihm im Normalbetrieb um einiges leichter.

TIPP!

Steht der Zufriedenheitsregler auf der höchsten Stufe, so ist Ihr Mann insgesamt kompromissbereiter und zugänglicher. Nutzen Sie diese Momente, um ihm unangenehme Neuigkeiten zu unterbreiten, das Fernsehprogramm zu bestimmen, ihm Geld aus den Rippen zu leiern oder einen lange gehegten Wunsch zu äußern. Die Erfolgschancen stehen in diesem Fall extrem gut.

Entspannt ist ihr Mann vor allem dann, wenn er
- ➤ sich unter Gleichgesinnten aufhält,
- ➤ einer seiner zahllosen, in Frauenaugen sinnlosen Lieblingsbeschäftigungen nachgeht,
- ➤ in Ruhe gelassen wird,
- ➤ sich zu nichts verpflichtet fühlt,
- ➤ den Eindruck hat, über alles selbst bestimmen zu können,
- ➤ sich ausreichend geliebt, geehrt, respektiert und geachtet fühlt,
- ➤ keine Konkurrenten in Sichtweite hat.

Wohlfühlfaktor

Um sein allgemeines Wohlbefinden auf konstant hohem Niveau zu halten, gibt es ein paar ebenso schlichte wie wirkungsvolle Verhaltensmaßregeln, die Sie, auch in Ihrem eigenen Interesse, unbedingt verinnerlichen sollten.

Hierzu gehören:
- ✔ bei Ärger im Büro seine Partei ergreifen, unaufgefordert Nacken massieren, Bier anbieten, unter keinen Umständen Details anfordern;
- ✔ während der *Sportschau* keine Fragen stellen, stets Ruhe bewahren, am besten gar nicht reden und/oder den Raum sofort verlassen;
- ✔ bei Krankheit Mitleid heucheln, trösten, Hühnersuppe ans Bett bringen und – wichtig! – den Patienten unbedingt ernst nehmen;

pflege|wartung

✔ beim Herrenabend in Ihren eigenen vier Wänden eine Kiste Bier kalt stellen, reichlich Gulaschsuppe kochen, das Haus fluchtartig verlassen und nicht vor drei Uhr morgens zurückkommen, anschließend alles aufräumen, ohne zu murren, und ihn am nächsten Morgen wegen seines Katers bedauern;
✔ bei Verkehrsunfall mit größerem Blechschaden und (noch) ungeklärter Schuldfrage ihn von der Unfallstelle abholen, trösten, lautstark auf die Gegenpartei schimpfen und mehrfach den Glauben an seine Unschuld beteuern, ungebeten alle Formalitäten mit der Versicherung regeln;
✔ bei der Urlaubsvorbereitung die Vorabrecherche komplett übernehmen, dann mehrere Ziele in diversen Preiskategorien anbieten und ihm (scheinbar) die Entscheidung überlassen.

Betriebstemperatur
Bitte vermeiden Sie übermäßig hohe Betriebstemperaturen, die sich zumeist in erhöhtem Adrenalinausstoß äußern. Damit einher geht häufig auch ein hoher Blutdruck – hervorgerufen durch Wutausbrüche bzw. cholerische Anfälle. Wiederholte Zwischenfälle dieser Art verkürzen aller Voraussicht nach

i INFO!
Nicht selten legen sich die Wutausbrüche ebenso schnell, wie sie gekommen sind, und er wird ohne Umschweife zur Tagesordnung (zum Beispiel Sex) übergehen. Ja doch, er hat die Sache abgehakt, und zwar voll und ganz!

pflege|wartung

nicht nur die Dauer Ihrer Beziehung, sondern auch die Lebenserwartung Ihres Modells, vor allem in fortgeschrittenem Alter.

Eine angenehme Betriebstemperatur garantieren Sie im Übrigen dadurch, dass Sie von vorneherein hitzige Diskussionen, Kritik an seiner Person und sinnlosen Streit über Dinge vermeiden, die sich seiner Ansicht nach sowieso nicht ändern lassen bzw. die nicht der Rede wert sind.

Hierzu gehören unter anderem:
- ✔ sein Bierkonsum
- ✔ sein Fahrstil
- ✔ seine Kumpels
- ✔ seine Exfreundinnen
- ✔ seine Mutter
- ✔ die Attraktivität seiner Kolleginnen
- ✔ seine Sekretärin
- ✔ sein Arbeitspensum
- ✔ sein Wahlverhalten
- ✔ Sinn und Unsinn von Fußballspielen, Boxkämpfen und Autorennen.

Feuchtigkeit

Ihr Standardmodell bedarf außerdem des dringenden Schutzes vor Feuchtigkeit. Zum einen ist bei äußerlichen Einflüssen wie unerwarteten Regengüssen bei Vatertagsausflügen, Fußballspielen, Bergwanderungen o. ä. Vorsicht geboten. Das anfällige Betriebssystem neigt zu Husten, Schnupfen, Bronchialerkrankungen, Mittelohrentzündungen und im Extremfall sogar Lungenentzündungen. Übermäßige Senkungen der Betriebstemperatur und damit Unterkühlungen sind daher unter allen Umständen zu vermeiden. Ebenso ist inneren Überschwemmungen, will heißen übermäßigem Alkoholkonsum, vorzubeugen.

> **ACHTUNG!**
> Vor allem in Verbindung mit alten Freunden oder fremden Frauen kann unkontrollierter Alkoholkonsum bekanntlich besonders verheerende Auswirkungen und leider sogar unerwünschte Langzeitfolgen haben.

Harmoniestörungen

Selbst bei absolut erfüllten Partnerschaften kann es gelegentlich zu unschönen Harmoniestörungen kommen. Am besten vermeiden Sie es, überhaupt in solche Situationen zu geraten. Gehen Sie einander beispielsweise vorsorglich aus dem Weg, wenn Sie beide mal einen schlechten Tag haben. Falls dies nicht möglich ist, richten Sie sich rechtzeitig auf die drohende Auseinandersetzung ein. Wappnen Sie sich hierzu schon vorab mit den nötigen Utensilien wie schlagkräftigen Argumenten, überzeugenden Beispielen und im Bedarfsfall auch schon mal taktischen Schmeicheleien und Ablenkungsmanövern.

pflege|wartung

Allerdings sollten Sie es tunlichst vermeiden, während der hitzigen Diskussion auf Hilfsmittel wie das Aufwärmen alter, eventuell Jahre zurückliegender Streitpunkte und Verfehlungen, Krisen, Vertrauensbrüche, Rückschläge und dergleichen zurückzugreifen.

Da derartige Aussetzer beim Mann im Kurzzeitgedächtnis gespeichert sind und automatisch nach sechs Wochen gelöscht werden, sind Erinnerungen daran nicht zulässig. Ihr Mann wird sich in dieser Situation daher in die Enge getrieben fühlen, weshalb mit ebenso unfairen Gegenschlägen (dazu zählen verbale Tiefschläge ebenso wie ironische Rechts- oder Linksausleger) zu rechnen ist.

> **VORSICHT!**
> Derartige Gewittersituationen ziehen oft aus heiterem Himmel am Harmoniehorizont auf und entladen sich mitunter recht heftig bis sehr heftig. Unterschätzen Sie solche Momente nicht und wiegen Sie sich niemals in trügerischer Sicherheit – das könnten Sie bitter bereuen.

Häufige Ursachen für Harmoniestörungen

Zur Liste der Dinge, die Sie auf gar keinen Fall tun sollten, sofern Sie den ⇨Normalbetrieb nicht vorsätzlich gefährden wollen, zählen unter anderem

- ✔ ihn zum Wochenendeinkauf oder Stadtbummel (noch schlimmer) zwingen,
- ✔ ihm den Herrenabend verbieten,

pflege|wartung

- ✔ seine (egal ob alphabetisch, chronologisch, nach Musikstilen oder Exfreundinnen) geordnete Plattensammlung durcheinander bringen,
- ✔ beim Abstauben den beweglichen Außenspiegel an seinem Ferrari-Modell abbrechen,
- ✔ wiederholt in seiner Vergangenheit bohren,
- ✔ während der Übertragung des DFB-Pokalfinales mit dem Staubsauger im Wohnzimmer agieren,
- ✔ niemals „Siehst du!" sagen, selbst wenn Sie es vorher wussten und mal wieder Recht hatten,
- ✔ ihn beim Autofahren in eine ernsthafte Diskussion, etwa über Ihre Beziehung, verwickeln (zusätzlich erhöhte Unfallgefahr aufgrund zu hohen Ablenkungsfaktors),
- ✔ immer wieder für ihn Klamotten kaufen und ihm damit das Gefühl geben, er könne es nicht allein,
- ✔ ihm widersprechen und/oder seine Fragen mit Gegenfragen statt eindeutig mit Ja oder Nein beantworten,
- ✔ alles, wirklich alles, immer aussprechen und auch noch darüber diskutieren wollen,
- ✔ nach einer vernichtenden Niederlage seines Lieblingsclubs Dinge sagen wie „War doch nur ein Spiel",
- ✔ Sätze mit einem „Duuuuu" oder „Du Schahaaatz" beginnen, weil sich ihm dann automatisch die Nackenhaare aufstellen,
- ✔ grundlos herumnörgeln (ist für ihn schon mit Grund nur selten nachvollziehbar und daher kaum erträglich),

✔ ihn wiederholt zu langen und in seinen Augen unsinnigen Telefonaten nötigen (der Anrufer hat schnell und sachlich sein Problem vorzubringen, damit eine baldige Lösung/ Verabredung/ Vereinbarung herbeigeführt werden kann – Ende),

✔ ihn dazu verdonnern, regelmäßig seinen Kleiderschrank zu inspizieren und auszumisten – er wird sich nicht von seinem ausgewaschenen und mit Löchern übersäten Lieblingspulli trennen, auch wenn Sie jedes halbe Jahr drei neue anschleppen, zur Not fischt er ihn auch schon mal aus der Mülltonne (lassen Sie ihm doch den Spaß, solange er ihn nicht zur Geburtstagsfeier Ihrer Lieblingskollegin anzieht).

Anzeichen für ernst zu nehmenden Unmut

Zum Glück lässt sich jedoch sehr leicht erkennen, wenn Ihrem Mann etwas wirklich nicht passt. In diesem Fall gibt es nämlich nur eine sehr eingeschränkte Zahl von Funktionen, die sofort aktiviert werden.

Hierzu gehören:
1. plötzliches, unaufgefordertes (meist auch noch wortloses) Verlassen des Raumes,
2. ein leicht nasaler Tonfall, gelegentlich kombiniert mit gepresster Stimme,
3. besonders langsames Sprechen mit Betonung der einzelnen Silben,

normalbetrieb

4. das stumme Hochziehen einer respektive beider Augenbrauen samt herablassendem bzw. mitleidigem Blick,
5. die deutliche Ausdehnung der Schweigephasen verbunden mit diversen Ausweichmanövern (so kann man einer Diskussion eben im wahrsten Sinne des Wortes „aus dem Weg gehen").

Streit

Sollte es dennoch einmal zu einer heftigen Auseinandersetzung kommen, beachten Sie bitte, dass Männer in den allermeisten Fällen

✔ problemlos ohne Versöhnung ins Bett gehen – und auch tatsächlich einschlafen können;

✔ nicht eine Gehirnzelle an irgendwelche Horrorszenarien (vom phantasievollen Foltern der Partnerin bis hin zu Scheidung oder Mord) verschwenden;

✔ den Zwist sofort abhaken und kommentarlos zur Tagesordnung übergehen können (mit Kollegen streiten Männer sich durchaus schon mal bis aufs Messer, um dann abends nach der Arbeit gemeinsam ein Bier trinken zu gehen);

✔ keinesfalls nachtragend sind – was Sie unbedingt zu Ihrem Vorteil nutzen sollten, anstatt immer wieder in dieselbe Kerbe zu schlagen (siehe hierzu auch ⇨Harmoniestörungen);

✔ irgendwann genug haben und ihre Ohren auf Durchzug schalten – dann kommt garantiert gar nichts

pflege|wartung

mehr an und Sie können sich Ihren Vortrag getrost sparen;
- ✔ sich selten Gedanken über irgendwelche Rachefeldzüge machen und sich im Zweifelsfall nichts dabei gedacht haben, wenn sie am nächsten Tag später von der Arbeit nach Hause kommen, ohne vorher Bescheid zu sagen;
- ✔ ihr Schweigen keinesfalls als Strafe meinen oder sich davon sonstige Zwecke/Reaktionen/Folgen erhoffen – sie tun es einfach;
- ✔ oft gar nicht merken, dass Sie immer noch sauer sind, und aus allen Wolken fallen, wenn Sie ihnen Vorwürfe machen (die Verblüffung ist echt, nicht gespielt!);
- ✔ Sie garantiert kein bisschen weniger lieben, nur weil ab und an mal die Fetzen fliegen; Männer nehmen das Ganze eben sportlich – natürlich nur, wenn sie nicht immer verlieren;
- ✔ Ihre waidwunden Blicke/stummen Vorwürfe/gekonnt eingesetzten Seufzer/ärgerlichen Räusperattacken weder bemerken noch richtig (also in Ihrem Sinne) interpretieren;
- ✔ solche Signale niemals absichtlich aussenden, da sie nicht mal auf die Idee kämen, dass diese etwas bei Ihnen bewirken könnten – umgekehrt geschieht ja auch nichts (demnach brauchen Sie sich auch nicht zu fragen, was er Ihnen damit wohl schon wieder sagen wollte, im Zweifelsfall nämlich nichts).

Normalbetrieb

Im Normalbetrieb sollte Ihr Mann im täglichen Gebrauch reibungslos funktionieren, sofern Sie die Anweisungen zu Wartung und Pflege stets beachten.

Automatisch ablaufendes Serviceprogramm

In der Regel können Sie sich also darauf verlassen, dass Ihr Mann die meisten der hier aufgeführten Leistungen bzw. Dienste wortlos/ohne zu murren/mit Freude/auf der Stelle/kompetent/zielgerichtet/sorgfältig/zu Ihrer vollen Zufriedenheit erfüllt.

Hierzu gehören unter anderem

➤ die Entfernung von Käfern, Spinnen, Ohrenkneifern und sonstigem Krabbeltier aus Ihrem nächsten Umfeld – hat er das Prinzip einmal kapiert, reicht oft ein angsterfüllter Blick (hysterische Anfälle bitte sparsam dosieren, da sonst die Wirkung mit der Zeit nachlässt);

➤ das Tragen von Wasser-, Saft-, Bier- und sonstigen Kisten sowie Einkäufe von einem Gesamtgewicht über fünf Kilo je Tragetasche;

➤ das Austauschen von Batterien, Glühbirnen und Dichtungen in allen Räumen Ihrer Wohnung;

➤ die regelmäßige Entsorgung des Hausmülls, egal ob Mülltrennung praktiziert wird oder nicht;

> **WICHTIG!**
> Das Standardmodell ist zu nahezu allen Tätigkeiten zu bewegen, sofern auch nur die vage Hoffnung besteht, dafür mit Sex belohnt zu werden.

➤ das großzügige Angebot, Ihre kalten Füße an seinen Beinen aufwärmen zu dürfen;
➤ Brötchenholdienst an allen Sonn- und bundeseinheitlichen Feiertagen.

Einsatz im Haushalt

Wollen Sie Ihr Standardmodell gezielt im Haushalt einsetzen, sollten Sie zunächst einmal den Wirkungsbereich genau definieren und die Kompetenzen klar zuweisen. Erstellen Sie eine Liste mit Ihren Zielen und kontrollieren Sie in regelmäßigen Abständen die Erfolgsquote. Anschließend führen Sie Ihren Mann (falls das seine Mutter nicht längst für Sie erledigt oder er tatsächlich schon mal allein gewohnt hat und mit den Basics vertraut ist) möglichst langsam an die zu erfüllenden Aufgaben heran.

Seien Sie geduldig, erklären Sie ihm die Funktionsweise sämtlicher Haushaltsgeräte auch zum zwölften Mal mit säuselnder Stimme und lassen Sie sich vor allem nicht aus der Ruhe bringen. Das Vortäuschen von Unfähigkeit im Umgang mit Haushaltsgeräten sowie absichtlich herbeigeführte Störungen (etwa durch gezielte Bedienungsfehler von Waschmaschinen oder Bügeleisen) ist als Ablenkungsmanöver äußerst beliebt. Lassen Sie

normalbetrieb

sich davon nicht in die Irre führen, sondern bleiben Sie hartnäckig und bestehen Sie auf der Erfüllung der ihm zugeteilten Aufgaben.

Bleiben Sie anfangs noch dabei, um die korrekte Erledigung der Aufgaben zu überwachen und erhöhen Sie dann nach und nach seine Kompetenzen, bis er schließlich ohne Ihre Hilfe klarkommt.

Das Standardmodell ist in regelmäßigen Abständen (jedoch nicht zu oft!) für die wunderbare Unterstützung zu loben, eventuelle Fortschritte sind wohlwollend zu kommentieren. Erledigt Ihr Mann die ihm aufgetragenen Arbeiten anfangs noch nicht zu Ihrer vollsten Zufriedenheit,

TIPP!
Geben Sie ihm ruhig ab und an übers Wochenende Hausaufgaben auf (vorwiegend leicht zu bewältigende Übungen wie Wäsche nach Waschtemperatur und Farbe richtig sortieren oder Lebensmittelpreise anhand verschiedener Prospekte vergleichen), um seine Fertigkeiten zu schulen.

VORSICHT!
Vergessen Sie bitte nicht, dass Ihr Mann (ganz im Gegensatz zu Ihnen) nicht in der Lage ist, Fenster zu putzen und gleichzeitig weitere Anweisungen entgegen zu nehmen (siehe auch ⇨Monofunktionalität). Warten Sie also, bis er die ihm aufgetragene Arbeit in Ruhe beendet hat (drängen bringt im Übrigen gar nichts), und nutzen Sie den Leerlauf, um sich neue Aufgaben für ihn zu überlegen.

halten Sie sich bitte mit Kritik zurück und bessern Sie lieber heimlich nach, wenn er nicht hinsieht. Seine Seele könnte sonst empfindlichen Schaden nehmen.

Monofunktionalität

Die meisten Standardmodelle verfügen leider nicht über eine eingebaute Multitasking-Funktion. Ihr Mann ist generell nicht in der Lage, zwei oder mehr Dinge gleichzeitig zu erledigen, da sein Betriebssystem darauf schlichtweg nicht ausgerichtet ist. Er konzentriert sich jeweils auf die gerade zu erledigende Aufgabe und hat keinen Speicherplatz für anderweitige Tätigkeiten frei. Dies gilt vor allem für die diversen Kommunikationstools, die bei körperlicher oder geistiger Arbeit schon mal vorübergehend eingestellt werden können. Die Monofunktionalität ist bei allen an den Mann gestellten Ansprüchen stets zu berücksichtigen, da sonst die Gefahr der Überforderung und damit eine Überhitzung des Modells besteht. Selbst durch hartnäckiges Training konnten, was dieses Modul angeht, bisher kaum nennenswerte Erfolge erzielt werden. Nehmen Sie es also kommentarlos hin, wenn er beim Autofahren das Radio leiser drehen muss oder Ihnen beim Fernsehen nicht nebenbei die Neuigkeiten aus seinem Büro berichten kann.

Aufmerksamkeitsmodus

Prinzipiell ist die Aufmerksamkeit eines Mannes schwer zu erregen – sofern es sich nicht um sexuelle Reize han-

normalbetrieb

delt. Wenn es darum geht, Sex zu wittern, sind die Sensoren des Standardmodells bestens eingestellt, im Alltag fallen diese dagegen häufiger aus. Daher ist im täglichen Umgang mit einem Mann grundsätzlich davon auszugehen, dass er sich im Normalbetrieb um nichts kümmert. Demnach gilt der Grundsatz: Alles, was nicht gerade seine Aufmerksamkeit erregt oder ihm irgendwie ins Auge sticht (und das ist leider nicht eben viel), ist ihm erst einmal gleichgültig.

Das betrifft neben dem Aufräumen und Reinigen der Wohnung insbesondere auch die Notwendigkeit der Nachschubbeschaffung (auch: Endlichkeit von Ressourcen). Darunter fallen sowohl essbare als auch nicht essbare Produkte, die in regelmäßigen Abständen ergänzt, nachgekauft oder ersetzt werden müssen, also unter anderem:

- ✔ Batterien
- ✔ Zahnpasta
- ✔ Kaffee
- ✔ Zahnstocher
- ✔ Fertigpizza
- ✔ CD-Rohlinge
- ✔ Tesafilm
- ✔ der gute Rotwein
- ✔ unbespielte (!) Videokassetten
- ✔ Bier
- ✔ Seife
- ✔ Dosenmilch
- ✔ Eiswürfel
- ✔ Rasierklingen
- ✔ Erdnüsse
- ✔ frische Unterhosen/Hemden
- ✔ Toilettenpapier
- ✔ Salz

normalbetrieb

Da diese Liste aufgrund der zahlreichen erhältlichen Modelle unmöglich vollständig sein kein, finden Sie hier noch ein wenig Platz für eigene Ergänzungen:

- ✔ _____
- ✔ _____
- ✔ _____
- ✔ _____
- ✔ _____

- ✔ _____
- ✔ _____
- ✔ _____
- ✔ _____
- ✔ _____

Leider wird Ihr Modell Mann niemals von allein auf die Idee kommen, dass sich die scheinbar unendlichen Toilettenpapiervorräte in Ihrer Abstellkammer keineswegs von selbst erneuern, oder hinterfragen, wie aus verschwitzten und zerknitterten Hemden Woche für Woche frisch gebügelte werden. Zwar nimmt er all diese Gegebenheiten durchaus wohlwollend zur Kenntnis, fühlt sich jedoch in keiner Weise dafür verantwortlich.

Der Grund hierfür liegt in seinem Betriebssystem: weil er nichts wahrnimmt, was seine Aufmerksamkeit nicht deutlich erregt. Schließlich blinkt in seinem Auto auch eine Warnlampe, sobald die Tanknadel sich dem Reservezeichen nähert, das Wischwasser sich dem Ende zuneigt oder Motoröl nachgefüllt werden muss.

TIPP!

Sehen Sie dennoch tunlichst davon ab, in der gesamten Wohnung blinkende Warnlämpchen anzubringen oder gar die Autoindustrie für Ihre Beziehungsprobleme zur Verantwortung zu ziehen.

normalbetrieb

Machen Sie sich also im alltäglichen Zusammenleben mit Ihrem Modell Mann bewusst, dass er nun mal vorwiegend auf optische Reize reagiert (und das nicht nur angesichts attraktiver Konkurrentinnen, sondern in allen Lebensbereichen).

Leider konnte das Modul „akustische Reize" bisher nicht mit auch nur annähernd großem Erfolg installiert werden. Demnach verhallen Ermahnungen, Drohungen, Wutausbrüche u. ä. bis auf weiteres ungehört und damit wirkungslos.

Den hier beschriebenen Mängeln im Aufmerksamkeitsmodus wohnen jedoch definitiv weder Arg noch List oder sonstige negativen Energien inne. Eine gewisse ⇨Gedankenlosigkeit gehört nun mal selbstverständlich zur Grundausstattung eines jeden Mannes und hat mit dessen natürlicher Intelligenz ganz und gar nichts zu tun – ebenso umgekehrt.

VORSICHT!
Demnach lassen auf den ersten Blick so wichtige Details wie ein hoher Intelligenzquotient, ein Studium in Rekordzeit samt Auslandsaufenthalt und diverser Förderpreise oder die Tatsache, dass Ihr erwähltes Modell bei *Wer wird Millionär* **regelmäßig ohne Joker bis zur Millionenfrage kommt, keinerlei Rückschlüsse auf die Alltagstauglichkeit Ihres Mannes zu.**

Gelegentliche Störungen im Aufmerksamkeitsmodus betreffen auch den zwischenmenschlichen Bereich. Ihr

Standardmodell wird in der Regel niemals den Zustand Ihrer Beziehung und deren Zukunft hinterfragen. Er wird auch nicht wiederholt darüber nachdenken, ob Sie tatsächlich die Richtige für ihn sind oder ob er Sie noch ausreichend liebt. Schließlich hat er Sie irgendwann einmal für liebenswert empfunden und entschieden, mit Ihnen eine Partnerschaft einzugehen – ist dieser Schalter erst einmal richtig eingerastet, bleibt er auch dauerhaft in dieser Position (näheres hierzu auch unter ⇨Bequemlichkeit).

Liegen keine Anzeichen für Fehlfunktionen wie Flirten mit anderen Frauen, wiederholtes Fremdgehen oder gar eine länger anhaltende Affäre vor, fühlt Ihr Mann sich mit Ihnen pudelwohl und hat nicht die geringste Intention, daran in nächster Zeit etwas zu ändern.

TIPP!

Zum Wohle Ihrer Partnerschaft sind daher wiederholte Eifersuchtsszenen dringend zu unterlassen, da sich der Mann sonst in die Enge getrieben fühlt. Dies kann mitunter ebenfalls zu Funktionsstörungen im Aufmerksamkeitsmodus führen. Bringen Sie ihn also gar nicht erst auf den Gedanken, dass andere Frauen attraktiver, besser im Bett oder sonst wie interessanter sein könnten als Sie. Erstens ist das garantiert unter Ihrem Niveau und zweitens gewinnen Sie mit diesem Verhalten höchstens eine goldene Ananas, gewiss aber nicht das Herz Ihres Liebsten.

normalbetrieb

Handeln Sie also erst, wenn Sie einen begründeten Verdacht haben (Sie kennen das ja: ausgeschaltetes Handy, plötzliche Überstunden, sich häufende Wochenendausflüge mit längst vergessen geglaubten alten Kumpels, fremde Nummern ohne Namen in seinem Palm, dubiose Hotelrechnungen in Anzugjacken). Dann aber dürfen Sie so richtig loslegen.

Gedankenlosigkeitsmodul

Die Auswirkungen dieses Moduls sind häufig schon in der Anfangsphase von (möglichen) Beziehungen zu spüren: Es allein ist der Grund dafür, warum bei Startschwierigkeiten à la „Wer ruft zuerst an?" oder „Wieso meldet er sich nicht?" immer der Mann auf der Gewinnerspur steht – und zwar ausnahmslos. Sein von Geburt an eingebautes Gedankenlosigkeitsmodul lässt sich nun mal nicht außer Kraft setzen. Oder haben Sie schon mal davon gehört, dass ein Mann seinem besten Kumpel sagt, er solle die hart erkämpfte Freikarte für das örtliche Tippkickturnier jemand anderem geben, weil er vor dem Telefon sitzen und darauf warten müsse, dass die wunderbare Frau anruft, der er gestern in der Bar seine Telefonnummer zugesteckt hat?

Erwarten Sie daher – in Ihrem eigenen Interesse – auch nie, dass Ihr Mann jemals in der Lage sein wird, öfter als dreimal pro Jahr Ihre Gedanken zu lesen. Dies ist schließlich eine Gebrauchsanweisung für das Standard-

normalbetrieb

modell Mann und nicht für Telepathen! Das sind und bleiben nun mal Ausnahmesituationen, bei denen mehrere extrem glückliche Umstände gleichzeitig eintreffen müssen (etwa dass er gerade überhaupt denkt oder dass Sie es ihm – ob nun bewusst oder unbewusst – besonders leicht machen oder dass Weihnachten und Ostern zufällig auf dasselbe Wochenende fallen oder Ähnliches).

Das Gedankenlosigkeitsmodul ist außerdem die Ursache dafür, dass Männer das, was sie tun, nur selten auch begründen können. Schon gar nicht so, dass es einem weiblichen Gehirn schlüssig erscheint. Männer handeln aufgrund ihres Betriebssystems häufig spontan und intuitiv, ohne groß darüber nachzudenken (außer vielleicht, wenn es um ihre Karriere geht). Sie tun Dinge oft einfach nur, weil sie ihnen Spaß machen oder gerade zufällig in den Sinn kommen – und zwar frei nach dem Chaos-Prinzip. Deshalb gibt es weder eine Erklärung noch einen besonderen Grund dafür. Wenn sie also zum Beispiel mit Vorliebe Horror- oder Actionfilme ansehen, sind sie noch lange nicht brutal veranlagt, sie mögen es nun mal, wenn's kracht, zischt und knallt. Genauso wenig bedeutet die Tatsache, dass sie unentwegt an Sex denken und auch welchen haben könnten, nicht im Geringsten, dass sie in irgendeiner Form krank oder besessen sind. Sie haben nun mal gerne Sex – und damit basta!

Aggregatzustand

Insgesamt gestaltet es sich für das weibliche Geschlecht eher schwierig, den jeweiligen Aggregatzustand eines Mannes richtig zu deuten, da Mimik und Gestik häufig zu wünschen übrig lassen. Genauso wenig, wie ein Mann gerne über seine Probleme redet (falls er überhaupt welche hat – schließlich ist dies seiner Meinung nach ein Zeichen von Schwäche), spricht er nämlich darüber, wenn er sich freut. Oft genügt es ihm, seiner Freude durch ein kaum erkennbares Grinsen, ein wohliges Verschränken der Arme hinter dem Kopf, ein zufriedenes Seufzen oder Brummen Ausdruck zu verleihen.

TIPP!
Geben Sie sich damit zufrieden und freuen Sie sich einfach mit ihm. Das reicht völlig! Von Interpretationsversuchen ist abzusehen, da diese häufig nur zu Missverständnissen und damit ⇨ Harmoniestörungen führen.

Ausnahmen von dieser Regel sind:
➤ wenn seine Lieblingsmannschaft die Deutsche Meisterschaft holt/in letzter Minute den Abstieg aus der Ersten Liga abgewendet hat/Deutschland Welt- und/oder Europameister wird/Michael Schumacher nach einem harten Rennen als Erster über die Ziellinie fährt u. ä.,
➤ wenn er beim Handballspiel gegen den Lokalrivalen das entscheidende Tor schießt,
➤ wenn er auf der Autobahn an einem Porsche vorbeizieht,

normalbetrieb

➤ wenn er Sie dreimal hintereinander beim Schach besiegt, obwohl Sie eigentlich die bessere Spielerin sind.

Unmutsäußerungen

Beschweren wird sich Ihr Modell Mann nur selten, egal ob er seit Jahren auf einer durchgelegenen Matratze schlafen muss oder er immer nur die Unterseite vom Brötchen essen darf, weil Sie die obere so sehr lieben. All diese kleinen Liebesdienste fallen bei Ihrem Mann unter die Kategorie „Nicht erwähnenswert, da selbstverständlich oder unerheblich".

> **WICHTIG!**
> Machen Sie sich bitte bewusst, dass in diese Kategorie leider auch viele Dinge fallen, die in Ihren Augen alles andere als selbstverständlich oder unerheblich sind, etwa der so gern gehörte romantische Satz mit den drei Wörtern, der Männer selten freiwillig über die Lippen kommt (näheres hierzu unter ⇨Zusatzfunktionen).

Unleidig wird Ihr Mann erst, wenn er entweder das Gefühl hat, dass Sie all seine freiwilligen Liebesdienste nicht ausreichend würdigen (indem Sie ihm beispielsweise wie erwähnt wiederholt vorwerfen, Sie nicht wirklich zu lieben, und immerzu deutliche Beweise einfordern) oder wenn es um seine Lieblingsspielzeuge geht. Ihre Fettfinger (auch wenn Sie ihm gerade liebevoll ein Frühstücksbrötchen gebuttert haben) auf seiner Fachzeitschrift oder der Missbrauch seines superteuren und mit

normalbetrieb

Mühe und Not erstandenen Oldtimermodells als Briefbeschwerer für Ihre offenen Rechnungen schätzt er nämlich gar nicht. Da könnten Sie ja gleich eine Delle in seinen neuen Wagen fahren und sich anschließend mit dem Satz „Ist doch nur ein leichter Blechschaden" herauszureden versuchen.

Zwar kann Ihr Mann in solchen Fällen auch schon mal laut oder missmutig werden, er lässt sich jedoch meistens schnell und leicht wieder besänftigen.

Dafür eignen sich besonders gut
➤ sanftes Kraulen des Nackens,
➤ ihn als das Alphatier anerkennen,
➤ ihn für Kleinigkeiten loben,
➤ ihn wegen seiner Kompetenz bewundern,
➤ für ausreichend Lektüre auf der Toilette sorgen,
➤ ihn im Negligé überraschen,
➤ seine Socken und Handtücher ohne Murren aufsammeln,
➤ ihm das Gefühl geben, dass er der Beste ist,
➤ sein Leibgericht kochen,
➤ ihn bei technischen Fragen um Hilfe bitten, auch wenn Sie das Problem locker allein lösen könnten,
➤ ihm sagen, wie gut er heute aussieht,
➤ ihm jeden Wunsch von den Augen ablesen – und erfüllen,
➤ ihm anschließend freiwillig Sex anbieten,
➤ ihn generell ein bisschen anhimmeln,

➤ ihn zum persönlichen Helden erklären,
➤ ihm sagen, er sei ein toller Liebhaber,
➤ nackt durch die Gegend laufen.

Hierbei greift mal wieder die Tatsache, dass Männer in den meisten Fällen wirklich einfach gestrickt (und damit eben durchschau-, berechen- und lenkbar sind). Sofern man ihnen auch nur ein bisschen entgegenkommt und ihnen schmeichelt oder ihr Selbstwertgefühl stärkt, werden sie zahm wie ein Wellensittich und tun fast alles für einen.

TIPP!

Sollten Sie also tatsächlich mal ernsthafte Kritik an Ihrem Mann üben müssen, so tun Sie dies keinesfalls mit erhobener oder vorwurfsvoller Stimme. Verpacken Sie Ihr Anliegen möglichst nett und agieren Sie mit weiblicher List, dann wird er Ihre Klugheit dankbar (wenn auch wie üblich wortlos) zur Kenntnis nehmen und Sie werden Ihr Ziel garantiert erreichen. Nörgeln und Meckern machen das Standardmodell in diesem Fall nur bockig oder gleichgültig (was beides gleich schlimm sein kann).

Inkompatibilität von Mann und Frau

Grundsätzlich sollten Sie sich allerdings jederzeit darüber im Klaren sein, dass es diverse Situationen, Begebenheiten, Anlässe und Momente gibt, in denen Mann und Frau einfach nicht kompatibel sind.

normalbetrieb

Um das tägliche Zusammenleben nicht unnötig zu stören und den Harmoniemodus allzu sehr zu strapazieren, finden Sie in der folgenden Tabelle einige typische Normalbetriebssituationen mit mangelhaftem Kompatibilitätsfaktor.

i INFO!

Zweifeln Sie deswegen jedoch nicht gleich an sich oder Ihrer Partnerschaft. Es ist garantiert alles in Ordnung! Akzeptieren Sie einfach, dass es Dinge gibt, für die weder eine Lösung noch eine Erklärung existiert.

Derartige im alltäglichen Zusammenleben auftretenden Situationen dürfen Sie nicht weiter aus der Ruhe bringen. Damit Sie in Zukunft derartige Momente besser einzuschätzen wissen und in jeder erdenklichen Lebenslage angemessen reagieren können, sind hier kurz auch die Ursachen sowie einige Verhaltensmaßregeln aufgelistet.

Situation	Durch nichts zu behebende Uneinigkeit beim Einkaufsbummel (hinsichtlich Verweildauer pro Geschäft, Höhe der Ausgaben, Häufigkeit insgesamt)
Ursache	Absolut gegensätzliche Urinstinkte: beim Mann jagen und erlegen (gilt auch für Hemden); bei der Frau sammeln von Informationen (Preisvergleich) und Eindrücken (Anprobier-Marathon)
Verhalten	Gehen Sie lieber mit Ihrer besten Freundin einkaufen, die berät Sie wenigstens anständig, und lassen Sie ihn seine Hemden ruhig selbst jagen; greifen Sie nur ein, wenn sich das Ergebnis als augenkrebsfördernd herausstellt.

normalbetrieb

Situation	**Divergenzen über die Strahlstärke sowie die Wassertemperatur beim gemeinsamen Duschen**
Ursache	Unterschiedliche Sensibilität der männlichen und weiblichen Haut; ungleiches Kälteempfinden
Verhalten	Duschen Sie ab sofort getrennt und halten Sie beim gemeinsamen Vollbad die allgemein gültigen Temperaturvorgaben für Neugeborene ein.
Situation	**Verschiedene Präferenzen bei der Wahl des Samstagabend-Programms im Fernsehen**
Ursache	Unterschiedliche Basisprogrammierung hinsichtlich des Unterhaltungsniveaus
Verhalten	Losen Sie aus, wer die Macht über die Fernbedienung erhält; kaufen Sie einen Zweitfernseher; schicken Sie ihn zum Fußball-Gucken in die nächste Eck-Kneipe und laden Sie Ihre beste Freundin zu sich aufs Sofa ein.
Situation	**Kommunikationsprobleme beim morgendlichen Frühstück**
Ursache	Differenz im jeweiligen Wortvorrat (Mann: ca. 4000, Frau ca. 8000 pro Tag), mit dem der Mann besser haushalten muss
Verhalten	Lernen Sie, auch seine Methoden der nonverbalen Kommunikation zu deuten; Sie werden erstaunt sein, was er Ihnen alles sagt.

Zusatzfunktionen

Allgemeines
Einige der frei auf dem Markt erhältlichen Modelle sind mit speziellen und bei den Anwenderinnen sehr begehrten Zusatzfunktionen ausgerüstet. Der Speicherplatz für derartige Funktionen ist nicht begrenzt und damit beliebig erweiterbar.

Verfügbarkeit
In der Regel sind die Grundmodule für diese Sonderfunktionen bereits zum Zeitpunkt des Erwerbs in Ihrem Mann enthalten, doch können Sie Ihr Standardmodell jederzeit auf- bzw. nachrüsten, wobei dafür je nach Material- und Zeitaufwand unterschiedlich hohe Kosten anfallen.

Art der Zusatzfunktionen
Derzeit sind die folgenden Zusatzfunktionen wählbar:
- Gentleman-Option
- Ich-hör-dir-zu-Einstellung
- Sensibilitätsautomatik
- der ideale (stumme) Beifahrer
- Ich-tue-was-du-sagst-Modus
- Tröstsensor
- Plaudermodus
- Romantiktool
- Beschützerinstinkt

zusatzfunktionen

- der Chauffeur
- Gefühlezeigfunktion
- Hausmannoption
- Anti-Lügen-Schutz
- Monogamiefunktion
- der PC-Profi
- Das-kann-ich-nachvollziehen-Modul
- Gedankenlesesensor
- Verzichtsfunktion
- Kuschelautomatik

Nutzen Sie jetzt die einmalige Gelegenheit und sichern Sie sich dieses Zusatzpaket, Sie werden es nicht bereuen. Die Installation ist kinderleicht, und einmal eingebaut, sind die einzelnen Sätze in individueller Reihenfolge beliebig oft abrufbar.

zusatzfunktionen

✋ JETZT ZUGREIFEN

Im Rahmen unserer Aktionswochen bieten wir derzeit auch ein ganz besonderes Rundumpaket an. Darin enthalten sind sämtliche Wörter und kurze Sätze, die im Sprachgebrauch eines normalen Mannes äußerst selten bis nie vorkommen.

Hierzu gehören:
- Entschuldigung!
- Mann, siehst du heute gut aus!
- Du hast ja Recht.
- Hast du eigentlich abgenommen?
- Ich verstehe dich.
- Geht es dir wirklich gut?
- Ich habe Migräne.
- Meine Mutter hat Unrecht.
- Das Kleid steht dir aber gut!
- War das Vorspiel lang genug?
- Heute wasche ich mal ab.
- Das Bier hat nicht geschmeckt.
- Willst du heute mal fahren?
- Sollen wir darüber reden?
- Ich glaube, ich habe mich verfahren.
- Das wusste ich ja gar nicht!
- Mein Fehler.
- Tut mir Leid.
- Ich liebe dich.

Versteckte Fehlfunktionen

Allgemeines

Trotz höchster Qualitätsstandards kommt es beim Modell Mann immer wieder zu versteckten technischen Problemen, die sich erst im Laufe des Zusammenlebens offenbaren. Es ist davon auszugehen, dass sich in jedem Mann eine integrierte (wenn auch nicht von unserem Haus installierte und schon gar nicht extern programmierbare) Zeitschaltuhr befindet, die dieses als Unart zu bezeichnende Verhalten pünktlich einen Tag nach dem Einzug in eine gemeinsame Wohnung oder der Rückkehr aus den Flitterwochen aktiviert.

Da der Garantieanspruch von diesen nicht behebbaren Eigenarten unberührt bleibt, sollten Sie sich vorab mit einigen ebenso unschönen wie unwiderruflichen Tatsachen vertraut machen. Verschwenden Sie Ihre Energie keinesfalls

> **WICHTIG!**
> Natürlich gibt es auch Männer, auf die kein einziger der im Folgenden genannten Punkte zutrifft. Sollten Sie sich also tatsächlich ein solches Ausnahmeexemplar, den so genannten *homo perfectus*, geangelt haben, so beglückwünschen wir Sie an dieser Stelle recht herzlich. Dennoch raten wir Ihnen weiterzulesen, damit Sie ein Bild davon bekommen, womit sich 90 Prozent Ihrer weiblichen Mitbürgerinnen tagtäglich herumplagen müssen.

versteckte fehlfunktionen

mit fruchtlosen Versuchen, den Verursacher Ihres Unmuts doch noch eines Tages zu einem den mitteleuropäischen Zivilisationsstandards entsprechenden Wesen umzubauen. Dazu ist Ihre Zeit wahrhaft zu wertvoll.

Problemlösung

Noch immer schlagen die meisten der selbst und unter Ausschluss fachlicher Hilfe vorgenommenen Problemlösungsversuche fehl, da sich die Testobjekte grundsätzlich nicht so leicht aus der Ruhe bringen lassen wie die jeweilige, den Test durchführende Person.

> **ACHTUNG!**
> Der ein oder andere gezielte Wink mit dem Zaunpfahl (oder besser doch gleich mit dem gesamten Bretterzaun) hat sich als wirkungsvollste Methode zur Behebung von Mängeln herausgestellt. Das ist in der Regel nicht nur effektvoller, sondern senkt auf Dauer Ihren Adrenalinspiegel auf den vom Gesundheitsminister empfohlenen Richtwert.

So ist es weder sinnvoll, ihn wiederholt darauf hinzuweisen, doch auch einmal den Abwasch zu erledigen – auf diesem Ohr ist er nämlich taub (Besuch beim HNO-Arzt im Übrigen zwecklos). Noch gelingt das Experiment, die Sachen einfach liegen zu lassen, bis er sie sieht (erste und ohnehin schon kaum überwindbare Hürde) und/oder gar selbst wegräumt (generell nicht zu erwarten). Außerdem sind Aufforderungen oder Ankündigungen stets auch als solche und niemals in Form von Fragen vorzubringen. Äußerungen wie „Meinst du, wir

versteckte fehlfunktionen

könnten ..." oder „Solltest du nicht mal ..." werden vom männlichen Betriebssystem nämlich häufig fehlinterpretiert. Die meisten Standardmodelle erliegen in diesem Fall dem Irrglauben, selbst bestimmen zu dürfen, ob sie auf den Vorschlag eingehen – und entscheiden sich häufig dagegen.

Lassen Sie daher Zweifel an Ihren Wünschen gar nicht erst aufkommen, um Missverständnisse zu vermeiden. Am besten, Sie handeln sowieso gleich selbst und warten nicht, bis der männliche Funktionsmechanismus aktiviert wird. Nur dann können Sie wirklich sicher gehen, dass alles in Ihrem Sinne erledigt wird. Oder Sie setzen Ihre weiblichen Waffen ein und steuern Ihr Standardmodell gezielt durch Verlockungen (wie Aussicht auf Sex, Kochen seines Leibgerichts) oder Drohungen (wie Sexentzug oder sofortiges Anhalten des ⇨automatisch ablaufenden Serviceprogramms). Allerdings sind diese Bedienungsschritte nur für erfahrene Anwenderinnen zu

TIPP!

Kaufen Sie für den Abwasch lieber gleich eine Spülmaschine, und zwar nicht von dem Geld, das Sie für Ihre neuen Schuhe zurückgelegt haben, sondern von seinem Kleiderbudget. Die alte Gammeljeans übersteht auch noch ein weiteres Jahr (ihm ist es sowieso egal), die Hemden sind im Zweifelsfall auch nächste Saison noch modern und die abgelaufenen Schuhe trägt er ohnehin am liebsten, weil sie so schön bequem sind.

versteckte fehlfunktionen

empfehlen, da die Feinabstimmungen sehr genau reguliert und auf jedes Modell individuell angepasst werden müssen.

Am schonendsten für Ihr Standardmodell (und auch für Sie) ist jedoch, die folgenden Gesetze einfach kommentarlos zu akzeptieren. Und zwar **ohne** sie dreimal täglich zu hinterfragen oder ständig darüber nachzudenken (und sei es über die Tatsache, wie Sie einen solchen Barbaren jemals attraktiv finden und sich auch noch in ihn verlieben konnten).

Gewöhnen Sie sich am besten einfach an den Gedanken, dass Ihr Modell Mann ab und an Dinge tut, deren Sinn Ihnen für immer und ewig unerklärlich/ein Rätsel/unbegreiflich/ein Buch mit sieben Siegeln/schleierhaft/ im Verborgenen/unfassbar/nicht nachvollziehbar/unerforschlich – kurz und gut: verschlossen bleiben wird.

Dinge, die Sie ihm unter keinen Umständen beibringen bzw. abgewöhnen werden
1. Marmeladen-, Senf-, Mayonnaise- und sonstige Gläser unmittelbar nach Gebrauch wieder richtig zuzuschrauben;
2. Handtücher nach dem Duschen zum Trocknen aufzuhängen;
3. Kleidungsstücke nicht dort fallen zu lassen, wo er sich ihrer nun mal gerade entledigt;

4. benutzte Nutellamesser von den Resten der Schokocreme zu befreien und/oder keinesfalls auf sauberen Tischdecken abzulegen;
5. die teure Teflonpfanne weder mit einer Gabel noch sonst mit einem spitzen Metallgegenstand zu malträtieren, obwohl die Rühreier dann flockiger werden;
6. drei Paletten Thunfisch/Erdbeerjoghurt/Katzenfutter einzukaufen, nur weil es wegen des abgelaufenen Haltbarkeitsdatums zehn Prozent reduziert war (das ist sein Jagdtrieb, dafür kann er nichts!);
7. technisches Gerät gleich doppelt zu kaufen, für den Fall, dass mal etwas kaputtgeht (er sorgt doch nur vor!);
8. die Freizeitaktivitäten am Wochenende streng nach den Sendezeiten diverser Fußballsendungen (ob nun *Aktuelles Sportstudio* oder *Hattrick*) auszurichten;
9. sein Auto nicht nur mit wesentlich mehr Hingabe, sondern auch häufiger zu waschen und zu pflegen als das Badezimmer;
10. wie besessen nach einem Parkplatz vor der Tür zu suchen, selbst wenn es eine ganze Stunde dauert, obwohl Sie in sechs Minuten Fußweg einen Tiefgaragenplatz angemietet haben; hier greift nämlich die Formel: Erfolgserlebnis > (sprich: ist ungleich größer) als verschwendete Zeit.

versteckte fehlfunktionen

Dinge, die Sie ihm nur unter enormem Zeitaufwand und/oder seelischem Druck beibringen bzw. abgewöhnen können (Erfolgsquote ungewiss, Energiefaktor eindeutig zu hoch, demnach Aktion sinnlos)

1. Bei Marmeladen-, Senf-, Mayonnaise- und sonstigen Gläsern den Deckel nach Gebrauch wenigstens wieder aufzulegen (wenn schon nicht zuzuschrauben);
2. Ihre sündhaft teure Gesichtscreme nicht mehr zu benutzen, auch wenn die darin enthaltenen Extrakte einer seltenen exotischen Schlingpflanze die Hornhaut an seinen Füßen so schön weich macht;
3. mit Ihrem 100-Euro-Kajalstift den Einkaufszettel zu vervollständigen, nur weil er gerade keinen Kuli findet;
4. sich nach jedem Toilettengang (und zwar ohne Ausnahme) die Hände zu waschen;
5. vierhundert Paar Socken bei eBay zu ersteigern (einmaliger Mengenrabatt!), auch wenn mehr als die Hälfte davon die falsche Größe haben und er nicht weiß, wie er die Dinger wieder loswerden soll (ebenfalls Jagdinstinkt);
6. beim Kochen zwar kreativ zu sein, doch das Chaos in der Küche in Grenzen zu halten oder hinterher wenigstens das Gröbste wieder aufzuräumen;
7. die schicke Design-Topfbürste von Alessi, die Sie zur Hochzeit geschenkt bekommen haben, nicht zur Intensivreinigung seiner Alufelgen einzusetzen, auch wenn das Ding so hervorragend in die Ritzen passt

und Sie es im letzten Jahr sowieso nicht benutzt haben;
8. Sie einfach nur in den Arm zu nehmen, wenn Sie traurig sind, anstatt Sie mit überflüssigen Lösungsansätzen zu bombardieren;
9. Abfälle jeder Art ausschließlich in den eigens dafür angeschafften und im Übrigen von ihm regelmäßig zu leerenden Mülleimern zu entsorgen oder gar freiwillig Müll zu trennen – nach Ihrem Prinzip;
10. die Klobrille nach Betätigen der Toilettenspülung wieder herunterzuklappen.

Weitere Funktionen, die unumstößlich im Betriebssystem eines jeden Mannes installiert sind und leider auch nicht manipuliert werden können:

1. An gewisse Dinge, zum Beispiel sein neuestes technisches Lieblingsspielzeug, dürfen Sie nun mal nicht ran – das hat weder mit mangelndem Vertrauen in Ihre technischen Fähigkeiten noch mit Ihrer versalzenen Suppe von gestern oder nachlassender Liebe zu tun, genauso wenig wie die Tatsache, dass er nie Ihren Vornamen als Passwort verwenden würde.
2. Was ein Mann nicht sehen will, das sieht er auch nicht – besser bekannt als Prinzip des totalen Ignorierens.
3. Im Auto bestimmt er, wo's langgeht, wie schnell gefahren, wann gebremst und ob nur links oder auch

versteckte fehlfunktionen

mal rechts überholt wird (das gilt übrigens selbst dann, wenn er sich offensichtlich verfahren hat und gerade gar nicht weiß, wie er ans Ziel kommen soll – nach dem Weg gefragt wird auf keinen Fall, denn das wäre weibisch).

4. Auch wenn er dreimal so lang unter der Dusche braucht wie Sie, weiß er trotzdem nicht, was er da eigentlich die ganze Zeit macht – ehrlich!

i INFO!

Den Code für diese Gesetze hat trotz modernster Forschungsmethoden bis heute noch niemand geknackt! Sollte es Ihnen gelingen, bitten wir Sie, umgehend den Verlag bzw. die Autorin zu benachrichtigen – Ihr Tipp wird garantiert in der nächsten Auflage dieser Gebrauchsanleitung berücksichtigt.

Werkseinstellungen wiederherstellen

Verläuft der Normalbetrieb über längere Zeit wie am Schnürchen und Sie sind nach einer gewissen Übungs- und Testphase mit allen Standard- sowie Sonder- und Zusatzfunktionen Ihres Modells ganz und gar vertraut, so sind Sie im Alltag angekommen.

Nun kann es einerseits sehr schön sein, mit dem Partner die großen und kleinen Hürden des täglichen Lebens gemeinsam zu meistern, und beide können daran wachsen. Andererseits lauert gerade hier die Gefahr der Routine.

Routinefallen
Versuchen Sie in Ihrer Beziehung auf jeden Fall, typische Verschleißerscheinungen wie Langeweile im Alltag und Einschleichen von bisher unbekannten schlechten Gewohnheiten zu vermeiden, um ein langes, abwechslungsreiches und spannendes Zusammenleben zu gewährleisten.

Stellen Sie sich und Ihren Mann daher in regelmäßigen Abständen auf den Prüfstand und gehen Sie die folgende Liste durch. Treffen mehr als drei Punkte auf Sie zu, stehen Sie kurz davor, in eine Routinefalle zu tappen. Bei zwei oder weniger Punkten müssen Sie sich noch kei-

werkseinstellungen wiederherstellen

ne Sorgen machen, dass Ihr gemeinsamer Alltag an Farbe verliert.

Natürlich muss Routine nicht per se schlecht sein und es gibt zahlreiche Momente, in denen es sich als sehr nützlich erweist, wenn Sie als perfekt eingespieltes Team agieren können, dennoch gibt es auch einige heimtückische, auf den ersten Blick unsichtbare Varianten, denen Sie am besten begegnen können, wenn Sie sie sich ab und zu vergegenwärtigen.

> **WICHTIG!**
> Bitte denken Sie daran: Auch wenn Sie sich vor Routinefallen sicher fühlen – nur konsequente Vorsorge kann Sie vor Langzeitschäden bewahren. Kopieren Sie daher am besten diese Liste und deponieren Sie diese an einem leicht zugänglichen Ort, wo sie Ihnen immer mal wieder ins Auge sticht. Sie sollten es sich wert sein!

Zu den typischen Routinefallen gehören:
1. die tägliche Frage am Frühstückstisch: „Was essen wir eigentlich heute Abend?", ohne sich selbst wirklich ernsthaft Gedanken darüber machen zu wollen;
2. bei Ihrem gemeinsamen Lieblingschinesen immer die 76 und die 49 zu bestellen und dann nach der Hälfte die Teller zu tauschen;
3. wenn Sie sich morgens beim Aufwachen nicht mehr darüber freuen, dass Ihr Partner neben Ihnen liegt, sondern ihnen nur noch sein Mundgeruch unangenehm auffällt;

werkseinstellungen wiederherstellen

4. jeden zweiten Samstag im Monat zum Griechen um die Ecke zu gehen, weil er so schön nah ist und man sich nicht extra schick anziehen muss, obwohl es dort nie so richtig gut schmeckt;
5. wenn der tägliche Begrüßungs- bzw. Abschiedskuss nichts weiter ist als eine lästige Gewohnheit;
6. beim Sex von jeglichen Experimenten abzusehen und dabei daran zu denken, dass Sie Ihre Mutter schon seit drei Wochen nicht mehr angerufen haben;
7. Wochenende für Wochenende zwei Filme oder DVDs in der Videothek nebenan auszuleihen, davon einen noch am Freitagabend, den anderen samstags anzusehen und dazu wahlweise Dr. Oetker, Wagner oder gleich dem Pizza-Taxi die Herrschaft über Ihre Küche abzutreten;
8. noch schlimmer als 7.: einen Abend davon ins Kino zu gehen, um sich mal wieder was zu gönnen.

Ähnlich bedenklich sind auch einige andere Automatismen, die sich bei Ihrem Modell Mann einschleichen und die Sie unbedingt rechtzeitig (und das ist die eigentliche Kunst) unterbinden sollten.

Hierzu gehören unter anderem, dass er
✔ Ihnen nur noch Blumen mitbringt (noch dazu immer dieselben), wenn er mal wieder Mist gebaut hat, und nicht, weil er Ihnen damit sagen will, dass er Sie liebt,

werkseinstellungen wiederherstellen

✔ Ihnen zu Weihnachten nur noch Produkte schenkt, die bei Douglas erhältlich sind, weil die netten Verkäuferinnen die Päckchen gleich so schön einpacken,
✔ Sie zum Hochzeitstag immer wieder ins selbe Restaurant einlädt, nur weil Sie ihm einmal gesagt haben, dass der Service dort so gut ist,
✔ sich nach Feierabend nur noch von der Wohnzimmercouch erhebt, um zur Toilette zu gehen,
✔ bei der Wahl des Fernsehprogramms keinerlei Kompromisse mehr eingeht,
✔ den Hochzeitstag oder Ihren Geburtstag dreimal in Folge vergisst,
✔ über Ihre Kochkünste nur noch mäkelt,
✔ im Restaurant die Rechnung nicht mehr übernimmt,
✔ Ihnen schon lange nichts mehr zwischendurch geschenkt hat,
✔ Komplimente aus seinem Sprachgebrauch getilgt hat,
✔ beim Sex lieber in den Spiegel sieht als Ihnen in die Augen,
✔ plötzlich alte Freunde aus der Mottenkiste kramt und sich jedes Wochenende mit ihnen verabredet,
✔ längst vergessen geglaubte Hobbys wieder entdeckt,
✔ er den Valentinstag offenkundig aus seinem Kalender gestrichen hat,
✔ er lieber freiwillig einkaufen/zum Frisör/in die Reinigung/den Keller aufräumen geht, als mit Ihnen die Stellungen des Kamasutra durchzuprobieren.

werkseinstellungen wiederherstellen

> **VORSICHT!**
> Waren die soeben erwähnten Punkte von Beginn an fester Bestandteil Ihrer derzeitigen Beziehung, so besteht leider kaum Hoffnung auf Nachbesserung. Haben Sie seine Eigenarten von Anfang an klaglos akzeptiert, betrachtet er die Sache als erledigt und ignoriert nachträgliche Änderungswünsche ebenso konsequent wie stoisch.

In diesem Fällen ist es höchste Zeit, und Sie sollten dringend handeln.

Haben Sie typische Verschleißerscheinungen oder sich ständig wiederholende, störende Routinen festgestellt, so braucht Ihre Beziehung dringend ein bisschen frischen Wind, Abwechslung und Spannung. Leere Akkus sind dann schnellstmöglich aufzuladen, verbrauchte Batterien umgehend zu entfernen und durch Frischzellen zu ersetzen. Hierzu wenden Sie am besten eine der im Folgenden erwähnten Möglichkeiten an und starten anschließend das Betriebsprogramm Ihres Modells neu.

> **ACHTUNG!**
> Idealerweise wechseln Sie die Batterien aus oder laden die Akkus auf, bevor sie nahezu oder gar völlig aufgebraucht sind. Läuft Ihre Beziehung nämlich erst mal auf Sparflamme und Ihr Mann agiert bereits am Nullpunkt, ist nur mit großer Anstrengung und der Mobilisierung sämtlicher Reserven auf beiden Seiten wieder Schwung in die Sache zu bringen.

werkseinstellungen wiederherstellen

Wie Ihre persönliche Frischzellenkur nun konkret aussieht, bleibt Ihnen und Ihrer Phantasie überlassen. Je nach zu belebendem Mann und finanziellem Spielraum empfehlen wir die folgenden Möglichkeiten:

➤ Sie gestehen ihm beim Abendessen, dass Sie keine Unterwäsche tragen;
➤ Sie buchen hinter seinem Rücken ein Wochenende in einem Swingerclub auf Ibiza;
➤ Sie rufen ihn im Büro an und flüstern ihm Ihre geheimen erotischen Wünsche ins Ohr;
➤ Sie warten hinter der Wohnungstür auf ihn und überraschen ihn mit einem Quickie;
➤ Sie holen ihn im Mantel vom Fitnesstraining ab – nur im Mantel;
➤ Sie schenken ihm den neuen Pirelli-Kalender;
➤ Sie verzichten beim Sex aufs Vorspiel.

Falls Ihnen das alles zu sexistisch ist – sorry: Sie wollen doch, dass es funktioniert, oder?

> **WICHTIG!**
> Vergessen Sie bitte eines nicht: Die meisten Funktionsmechanismen – also auch das Verhalten – von Männern sind im Grunde vorhersehbar. Bleiben jedoch die Verschleißerscheinungen auf Dauer unbehandelt, so liegen Reaktionen wie gelegentliche Affären, diverse Eskapaden oder gar eine unerwartete Trennung durchaus im Bereich des Möglichen. Letzteres fällt im Übrigen nicht unter die ⇨Garantiebedingungen.

Selbsthilfe bei Störungen

Nicht bei jeder kleineren Funktionsstörung muss es sich automatisch um einen tatsächlichen Defekt an Ihrem Mann handeln. Erfahrungsgemäß lassen sich einfache Fehler, die im täglichen Betrieb auftreten, selbst beheben, ohne dass Sie gleich den Kundendienst rufen müssen. So sparen Sie einiges an Zeit und Kosten.

Generell empfehlen wir Ihnen jedoch, kleinere Mängel sofort untersuchen zu lassen und Reparaturen möglichst unmittelbar nach Auftreten des Defekts durchzuführen, da sonst die Gefahr besteht, dass sie verschleppt werden und sich zu handfesten Unarten oder Problemen auswachsen.

i INFO!
Handeln Sie rasch, bevor langwierige Reparaturen Sie teuer zu stehen kommen!

Zunächst einmal sollten Sie jedoch überprüfen, ob es sich bei der auftretenden Störung tatsächlich um einen Funktionsfehler Ihres Mannes handelt. Eventuell ist stattdessen ein typischer Anwenderfehler die Ursache dafür, dass bei Ihrem Mann sämtliche Kontrolllämpchen aufleuchten und die Alarmglocken schrillen.

Erst wenn Sie die folgende Liste abgehakt und alle (wirklich alle) genannten Punkte als Fehlerquelle ausschließen können, sollten Sie Ihren Mann einer eingehenden Ursachen-Inspektion unterziehen.

selbsthilfe bei störungen

Typische Anwenderfehler sind
➤ die Was-denkst-du-gerade-Schatz-Frage (egal ob nach dem Sex, beim Frühstück oder immer dann, wenn er gerade nicht redet, was bei allen gängigen Modellen durchaus häufig der Fall sein kann),
➤ wiederholte (noch dazu unbegründete) Szenen,
➤ sich als Plaudertasche zu entpuppen, die auch intime Geheimnisse nicht für sich behalten kann,
➤ das Erzwingen von Liebesschwüren und sonstigen romantischen Geständnissen,
➤ einen übertriebenen Putzfimmel an den Tag zu legen und immerzu hinter ihm herzuräumen,
➤ knappe Anordnungen oder gar Befehle im Kommandoton eines Stabsfeldwebels statt liebevoll vorgetragener Bitten,
➤ ihn wiederholt mit Telefonanrufen, E-Mails und/oder Handynachrichten zu überhäufen (er nennt das terrorisieren),
➤ ihn als Mimose zu verhöhnen, anstatt ihn zu trösten, auch wenn er mit einer leichten Erkältung eine gute Woche im Bett liegt,
➤ immer währende Bevormundung (grenzt haarscharf an liebevolle Bemutterung, daher besonders gefährlich).

Die nachfolgende Übersicht soll Ihnen dabei helfen, die Ursachen der am häufigsten auftretenden Fehler rasch zu finden und problemlos zu beheben.

selbsthilfe bei störungen

Symptom	**Ausbleibender Kinderwunsch**
Ursache	Mangelnde Reife; Angst, selbst kein Kind mehr sein zu dürfen und Verantwortung übernehmen zu müssen
Abhilfe	Langsames Heranführen an die Aufgabe (durch Patenkinder, Nichten und Neffen); bloß nichts überstürzen, da sonst sein Fluchtmechanismus aktiviert wird
Symptom	**Notorisches Stehpinkeln**
Ursache	Urinstinkt; Angst davor, sich zu erniedrigen; Furcht vor Kontrollverlust
Abhilfe	Spritzer per Kontrastmittel sichtbar machen und ihn mindestens ein halbes Jahr lang die Toilette putzen lassen; ihm das Gästeklo zuweisen und es nie wieder betreten
Symptom	**Anhaltende Kommunikationsprobleme**
Ursache	Unwiderrufliche Tatsache, dass Frauen mehr reden (müssen), sowie die Tatsache, dass Frauen sich Dinge oftmals nur von der Seele reden möchten (ohne sie lösen zu wollen), während Männer über ihre Probleme so gut wie nie reden, dafür jedoch ständig einen schier unerschöpflichen Fundus an Lösungen parat haben
Abhilfe	Sich nicht beirren lassen, einfach weiterreden und weder auf Interesse noch auf Zustimmung oder Anteilnahme hoffen; seine Lösungsvorschläge als guten Willen akzeptieren und sich darüber freuen.

selbsthilfe bei störungen

Symptom	**Häufiger Kneipenbesuch mit Freunden, verbunden mit starkem Alkoholgenuss**
Ursache	Automatismus, Flüssigkeitszufuhr mit Sozialkontakten zu kombinieren
Abhilfe	Gegenangriff starten und mit Freundinnen um die Häuser ziehen, immer später und betrunkener als er nach Hause kommen und geheimnisvoll tun (Anschein von Konkurrenz zieht immer)
Symptom	**Mangelnder Wille zum Heiratsantrag**
Ursache	Innerer Zwang, erst alle Lebensbereiche (Finanzen, Karriere, Wohnungssituation, standesgemäßes Kfz) ordnen zu müssen, um der Frau etwas bieten zu können
Abhilfe	Abwarten und Tee trinken; sich rar machen, bloß nicht quengeln und/oder drängen (hat garantiert den gegenteiligen Effekt)
Symptom	**Unfähigkeit, die gängigen Haushaltsgeräte zu bedienen (Reparaturen beliebigen Schwierigkeitsgrades sind hingegen kein Problem)**
Ursache	Großes Interesse an technischen Details, kombiniert mit absoluter Faulheit
Abhilfe	Da hilft leider nur eins: üben, üben, üben lassen und immer wieder mit viel Geduld erklären.

selbsthilfe bei störungen

Symptom	Hang zur längst völlig zerfledderten Uraltjeans
Ursache	Genügsamkeit; Unfähigkeit, Dinge zu entsorgen, die seiner Meinung noch „gut sind"; fehlende modische Ader
Abhilfe	Die Hose zu heiß waschen und sich anschließend wortreich entschuldigen und nie (auch nicht in schwachen Momenten) mit der Wahrheit herausrücken
Symptom	Neigung zu Prahlerei und überhöhter Selbstdarstellung
Ursache	Urinstinkt; Geltungsdrang
Abhilfe	Möglichst ignorieren; keinesfalls in der Öffentlichkeit bloßstellen
Symptom	Wiederholtes Flirten mit anderen Frauen
Ursache	Sucht nach pausenloser Anerkennung; neurotischer Selbstbestätigungswahn
Abhilfe	Ebenso hemmungslos mit fremden Männern flirten und möglichst ausgiebig davon schwärmen
Symptom	Plötzliche und unverhältnismäßig starke Zunahme von Überstunden und Wochenendarbeit
Ursache	Eindeutiger Fluchtinstinkt
Abhilfe	Sofort Ursachen herausfinden und gegensteuern

selbsthilfe bei störungen

Symptom	**Anhaltende Unlust, mit Ihnen etwas zu unternehmen**
Ursache	Angeborene Faulheit; Bequemlichkeit; allgemeine Unlust
Abhilfe	Locken Sie ihn mit außergewöhnlichen Vorschlägen (einem gemeinsamen Besuch im Eishockeystadion) oder gehen Sie alleine und genießen Sie es.
Symptom	**Verfolgung sämtlicher Sportübertragungen im deutschen Fernsehen (inklusive Hallenhalma und Snooker)**
Ursache	Eindeutige Zugehörigkeit zur Spezies der Fernsehsportler; Tarnmanöver: soll von der eigenen Unsportlichkeit ablenken
Abhilfe	Aktivieren Sie die Zeitschaltuhr des Fernsehers so, dass das Gerät nach fünf Minuten automatisch auf den Shoppingkanal umschaltet; animieren Sie ihn zum Outdoorsport und versprechen Sie ihm eine Belohnung.
Symptom	**Weigerung zur Teilnahme am aktuellen regionalen Kulturleben**
Ursache	Angst vor Gesichtsverlust durch mangelndes Fach- oder gänzliches Unwissen
Abhilfe	Führen Sie ihn langsam an die Sache heran, beginnen Sie etwa mit Besuchen im Technikmuseum.

selbsthilfe bei störungen

Symptom	**Anspruch, alles selbst zu reparieren, sowie Weigerung, auch nach mehrmaligem Scheitern einen Fachmann zu Rate zu ziehen**
Ursache	grenzenlose Selbstüberschätzung; keine Duldung von anderer Kompetenz als der eigenen
Abhilfe	Wasserrohrbruch etc. verschweigen und Handwerker erst rufen, wenn er aus dem Haus ist
Symptom	**Extremer Fußballfanatismus in Verbindung mit WM- oder EM-Spielen (egal ob mit oder ohne deutsche Beteiligung)**
Ursache	Angeborene (und wenn das nicht, dann anerzogene) Sportbegeisterung, Ballfetischismus
Abhilfe	Fernseher aus dem Fenster werfen; zur besten Freundin ziehen, bis alles vorbei ist; ihm den Spaß einfach gönnen
Symptom	**Mutation zur Couch-Potato in Verbindung mit Missbrauch Ihrer Person als Kellnerin/Animierdame**
Ursache	Jedem Mann innewohnende Bequemlichkeit, verbunden mit Machoallüren
Abhilfe	Werfen Sie sich vor ihm auf die Couch und bombardieren Sie ihn mit diversen Kommandos; stellen Sie sich taub (dabei unbedingt arglos lächeln); bringen Sie ihm immer das Falsche.

selbsthilfe bei störungen

Symptom	Anhaltende Entweichung von Darmwinden trotz mehrmaliger Unterlassungsaufforderung
Ursache	Angeborene körperliche Disfunktion (bei Männern leider ausgeprägter)
Abhilfe	Den Fernseher auf den Balkon stellen; beständig für Durchzug sorgen (auch im Winter); Ernährung umstellen
Symptom	Strikte Weigerung, an Mithilfe im Haushalt auch nur zu denken
Ursache	Angeborene Faulheit; Angst vor Kontrollverlust
Abhilfe	Sein Vertrauen gewinnen und bloß nicht überfordern; Aufgaben langsam steigern, viel loben
Symptom	Schnarchen in betrunkenem Zustand (gegen Dauerschnarcher ist ohnehin kein Kraut gewachsen)
Ursache	Medizinisches Phänomen
Abhilfe	Ohropax verwenden; vor ihm einschlafen (und nicht warten, bis er nach Hause kommt); wiederholt schubsen oder kneifen; ihn aufs Sofa verbannen

Können Sie den Fehler durch die hier genannten Maßnahmen nicht beheben, so wenden Sie sich bitte umgehend an einen unserer autorisierten Servicepartner. Näheres hierzu finden Sie unter ⇨Kundenservice.

Gewährleistung/ Garantiebedingungen

Allgemeines
Ihr Mann wurde selbstverständlich nach strengsten Qualitätsnormen hergestellt und entspricht dem neuesten Stand der Technik und Psychologie.

Garantiezeit
Sie erhalten für einwandfreies Rohmaterial und fehlerfreie Fertigung ab Werk innerhalb der Bundesrepublik Deutschland eine lebenslange Garantie ab Erwerbsdatum.

> **ACHTUNG!**
> Eine lebenslange Garantie für ein glückliches, harmonisches und dauerhaft zufriedenstellendes Zusammenleben gibt es hingegen – leider – nicht.

Reklamationsbedingungen
Der Garantieanspruch ist vom Käufer durch Vorlage der beigehefteten Garantiekarte nachzuweisen. Wahlweise kann auch der Originalbeleg bzw. die Erwerbsbestätigung, welche das Datum des Kaufes und den Namen der Erwerbsstelle sowie die vollständige Typ- und Modellbezeichnung zu tragen hat, vorgelegt werden. Die Reklamation kann nur bearbeitet werden, wenn die Garantiekarte vollständig ausgefüllt ist und der Rücksendung zudem eine ausführliche Mängelbeschreibung beiliegt. Allgemeine Aussagen wie „Nicht zufrieden" können nicht bearbeitet werden.

gewährleistung/garantie

Ersatz/Rückgabe
Diese über die gesetzlichen Gewährleistungspflichten hinausgehende Garantie gibt Ihnen das Recht auf Inanspruchnahme unseres Kundendienstes während der Garantiezeit, d. h. auf Reparatur, Ersatzlieferung oder Erstattung des Erwerbspreises.

Garantieausschluss
Die Ansprüche aus dieser Garantie setzen allerdings voraus, dass der Mann stets ordnungsgemäß entsprechend seiner Bedienungsanleitung und ausschließlich für seinen bestimmungsgemäßen Gebrauch verwendet wurde. Demnach erlischt der Gewährleistungsanspruch bei Eingreifen durch den Käufer oder durch Dritte.

a) durch unsachgemäße Behandlung
Schäden, die durch unsachgemäße Behandlung oder Bedienung, durch die Folgen normaler Abnutzung (z. B. klassischer Alltagstrott), durch falsches Aufstellen oder Aufbewahren, durch unsachge-

i INFO!
Natürlich können Sie auch jederzeit von Ihrem Rückgaberecht Gebrauch machen. Geben Sie Ihren Mann nach Rücksprache mit unserem Hause bei seinen Eltern, Großeltern, Geschwistern, Kumpels, der Exfreundin bzw. Exfrau oder den Anonymen Alkoholikern ab. Workaholics dürfen in dringenden Fällen auch beim jeweiligen Chef oder, in dessen Abwesenheit, wahlweise bei der Vorstandssekretärin bzw. dem Pförtner abgegeben werden (näheres hierzu unter ⇨Recycling).

mäßen Anschluss oder fehlerhafte Installation sowie durch höhere Gewalt oder sonstige äußere Einflüsse (Blitz, Wasser, Feuer u. ä.) entstehen, fallen nicht unter die Gewährleistung.

b) durch Manipulation der Garantiedokumente
Des Weiteren wird die Garantie nicht gewährt, wenn die Garantiedokumente in irgendeiner Form geändert oder unleserlich gemacht wurden oder die Typ- bzw. Modellbezeichnung des Mannes geändert, gelöscht, entfernt oder auf andere Art unleserlich gemacht wurde.

Umtausch/Schadensersatz
Autorin und Verlag behalten sich vor, bei Reklamationen durch Ihre autorisierten Partner (siehe unter ⇨Kundendienst) die beanstandeten und/oder defekten Teile ausbessern, ersetzen oder den Mann komplett austauschen zu lassen.
Schadensersatzansprüche – auch hinsichtlich Folgeschäden – sind, soweit sie nicht auf Vorsatz beruhen, ausgeschlossen.

Kundendienst

Sollte ihr Markenprodukt aus unserem Hause (Modell Mann) wider Erwarten nicht ordnungsgemäß funktionieren, ersuchen wir Sie, professionelle Hilfe in Anspruch zu nehmen. Wenden Sie sich hierfür am besten an autorisiertes Fachpersonal (also je nach Bedarf an einen Urologen, Psychiater oder den örtlichen Pfarrer). Wahlweise können Sie mit Ihrem Mann auch eine der bundesweit eingerichteten Service-Annahmestellen, etwa Pro Familia, sowie die diversen Ehe- und Partnerschaftsberatungsstellen der öffentlichen Hand aufsuchen, mit denen unser Haus eng zusammenarbeitet.

Zwischenmenschliche Beratungen, Reparaturen, Nachbesserungen und sonstige Änderungen sollten in Ihrem eigenen Interesse ausschließlich von einem mit Ihrem speziellen Modell Mann vertrauten Fachmann vorgenommen werden.

Außerdem machen wir Sie darauf aufmerksam, dass Ihr Mann nicht als fehlerhaft angesehen werden kann, wenn eine Modifikation oder Adaptierung an ihm vorgenom-

VORSICHT!
Wir weisen darauf hin, dass Selbsttherapierungsversuche aufgrund ihrer Emotionalität als unsachgemäße Eingriffe gelten und daher ebenfalls ein Erlöschen der Betriebszulassung sowie den sofortigen Verfall des Garantieanspruches zur Folge haben.

men werden muss, um einen Einsatz zu ermöglichen, für den das Modell in seiner ursprünglichen Spezifikation nicht vorgesehen war.

So dürfen Sie vom Sondermodell „Macho" natürlich genauso wenig erwarten, dass er seine Hemden selbst bügelt, wie Sie von der Ausführung „Muttersöhnchen" verlangen können, dass er bei Ihrem Streit mit seiner Mutter für Sie Partei ergreift, oder die Variante „PC-Freak" dazu bringen werden, sich mit Ihnen den neuen Streifen mit Meg Ryan im Kino anzusehen, anstatt an seiner gerade erworbenen Festplatte herumzulöten.

Selbstverständlich ist unser Haus – ebenso wie unsere oben genannten autorisierten Partner – stets bemüht, Ihren Wünschen zu Ihrer vollsten Zufriedenheit zu entsprechen. Wir stehen Ihnen jederzeit gerne mit Rat und Tat zur Verfügung. Dennoch können auch wir gewisse natürliche Grenzen nicht überschreiten.

i INFO!

In diesem Zusammenhang weisen wir darauf hin, dass bei unnötiger und unberechtigter Inanspruchnahme des Kundendienstes die Kosten in Rechnung gestellt werden müssen.

Kontakt zur Autorin erhalten Sie unter www.angelatroni.de, den Verlag können Sie unter www.list-verlag.de erreichen.

Recycling

Es ist leider nicht auszuschließen, dass Sie irgendwann keinerlei Verwendungsmöglichkeiten mehr für Ihren Mann sehen. Falls sich die Programmierfehler unangenehm häufen oder gar die Pannenanfälligkeit des von Ihnen erworbenen Modells derart überhand nimmt, dass er nicht einmal mehr den gängigen Mindestanforderungen genügt und damit im Grunde unbrauchbar geworden ist, so besteht die Möglichkeit, ihn

➤ in einer der offiziellen und durch den Gesetzgeber eingerichteten Rücknahmestellen abzuliefern (näheres hierzu erfragen Sie bitte bei einem unserer ⇨Servicepartner);
➤ seiner Mutter gemeinsam mit einer Mängelliste der zu behebenden Defekte zu überreichen (falls sie es wider Erwarten schafft, ihm innerhalb von sechs Wochen Manieren beizubringen, können Sie ihn ja kurzerhand wieder abholen);
➤ der Exfreundin oder -frau unaufgefordert vor die Tür zu legen, in der vagen Hoffnung, dass sie sich seiner erbarmet;
➤ gegen ein neueres, technisch und psychologisch moderneres Modell einzutauschen und auf bessere Zeiten zu spekulieren;
➤ am Straßenrand zurückzulassen (möglichst nicht während der Hauptreisezeit, da dann schon alle geeigneten Plätze von Hunden überfüllt sind);

➤ freiwillig an eine Nachfolgerin abzutreten, damit die sich künftig mit seinen Marotten, Spleens und Eigenarten herumärgern kann;
➤ in eine Kneipe am anderen Ende der Stadt zu locken und darauf zu spekulieren (Chancen 100:1), dass er sich dermaßen die Lichter ausschießt, dass er den Nachhauseweg nicht mehr findet;
➤ auf eine große Runde mit dem Hund zu schicken und in der Zwischenzeit seine gepackten Koffer in den Flur zu stellen – selbstverständlich nicht, ohne vorher sämtliche Türschlösser auszuwechseln;
➤ zum Männerurlaub mit alten Freunden zu animieren und bis zu seiner Rückkehr die Stadt zu verlassen;
➤ beim Homeshopping-Kanal für einen Spottpreis feilzubieten;
➤ mit einer unbemannten Raumfähre auf den Mond zu katapultieren.*

* Leider noch nicht im Angebot.

notizen

Memo
Prendre des notes
Notizen
Nota
Prendere appunti
Nota
Aantekening
Notits

notizen

Memo
Prendre des notes
Notizen
Nota
Prendere appunti
Nota
Aantekening
Notits

Memo
Prendre des notes
Notizen
Nota
Prendere appunti
Nota
Aantekening
Notits

recycling

➤ wahlweise in einem Kaufhaus, einem Einkaufszentrum mit knapp 250 Schuhgeschäften oder auf einer Juweliermesse auszusetzen und darauf zu hoffen, dass der Kreditrahmen ihrer EC-Karte sich ständig von selbst erneuert;

➤ freiwillig an einen Nachfolger abzutreten, damit ein anderer künftig ihre Marotten, Spleens und Eigenarten ignorieren kann;

➤ mit Ihrem Wagen ans andere Ende der Stadt zu dirigieren, weil dort angeblich ein neues Designer-Outlet eröffnet hat, und darauf zu hoffen, dass sie den Rückweg nicht findet (das Auto müssen Sie bei der Versicherung dann eben als gestohlen melden);

➤ mit Ihrer Geliebten zu konfrontieren und darauf zu spekulieren, dass sie noch am selben Tag die Koffer packt und zu ihren Eltern zurückzieht;

➤ auf einer Farm für misshandelte Tiere vorbeizubringen, von wo sie garantiert erst wieder zurückkommt, wenn auch der letzte Ackergaul im Pferdehimmel gelandet ist – und das kann glücklicherweise dauern;

➤ mit ihren Kegelschwestern in den rheinischen Karneval zu schicken und darauf zu spekulieren, dass sie dort für immer und ewig versumpft;

➤ bei eBay meistbietend zu versteigern;

➤ mit einer unbemannten Raumfähre auf den Mars zu katapultieren.★

★ Leider noch nicht im Angebot.

Recycling

Es ist leider nicht auszuschließen, dass Sie irgendwann keinerlei Verwendungsmöglichkeiten mehr für Ihr Standardmodell sehen. Falls sich die Programmierfehler unangenehm häufen oder gar die Pannenanfälligkeit der von Ihnen erworbenen Frau derart überhand nehmen, dass sie nicht einmal mehr den gängigen Mindestanforderungen genügt und damit im Grunde unbrauchbar geworden ist, so besteht die Möglichkeit, sie

➤ in einer der offiziellen und durch den Gesetzgeber eingerichteten Rücknahmestellen abzuliefern (Näheres hierzu erfragen Sie bitte bei einem unserer ⇨Servicepartner);

➤ ihrem großen Bruder/Vater/Patenonkel gemeinsam mit einer Liste der zu behebenden Defekte zu überreichen (allerdings können Sie sich die Hoffnung auf eine baldige Erledigung – und damit auch auf eine Rückkehr der Frau -- bis in alle Ewigkeit abschminken);

➤ dem Exfreund oder -mann nackt vor die Tür zu legen, in der sicheren Gewissheit, dass er sich ihrer erbarmen wird;

➤ schnellstmöglich gegen ein neueres, jüngeres und damit attraktiveres Modell einzutauschen und sich auf den zweiten/dritten/vierten/fünften Frühling zu freuen;

kundendienst

So dürfen Sie sich vom Sondermodell „toughe Karrierefrau" natürlich genauso wenig erwarten, dass sie Ihnen zuliebe den Job aufgibt und von München nach Hamburg zieht oder nach Feierabend die gesamte Hausarbeit mal eben nebenbei erledigt, wie Sie von der Ausführung „waschechte Blondine" verlangen können, dass sie auch nur einen Nagel gerade in die Wand schlägt, oder die Variante „ausgemachte Langschläferin" dazu bringen werden, am Sonntagmorgen in aller Herrgottsfrühe mit Ihnen die bayerischen Hausberge zu erklimmen oder eine Runde um den Baggersee zu joggen.

Selbstverständlich ist unser Haus – ebenso wie unsere autorisierten Partner – stets bemüht, Ihren Wünschen zu entsprechen. Wir stehen Ihnen jederzeit gerne mit Rat und Tat zur Verfügung. Allerdings können wir gewisse natürliche Grenzen nicht überschreiten.

ℹ INFO!

In diesem Zusammenhang weisen wir darauf hin, dass bei unnötiger und unberechtigter Beanspruchung des Kundendienstes die Kosten in Rechnung gestellt werden müssen.

⚡ VORSICHT!

Wir weisen darauf hin, dass Selbsttherapierungsversuche aufgrund ihrer Emotionalität als unsachgemäße Eingriffe gelten und daher ebenfalls ein Erlöschen der Betriebszulassung sowie den sofortigen Verfall des Garantieanspruches zur Folge haben.

Unter www.angelatroni.de erhalten Sie Kontakt zur Autorin. Zum Verlag unter www.list-verlag.de.

Kundendienst

Sollte Ihr Markenprodukt aus unserem Hause (Modell Frau) wider Erwarten nicht ordnungsgemäß funktionieren, ersuchen wir Sie, professionelle Hilfe in Anspruch zu nehmen. Wenden Sie sich hierfür am besten an autorisiertes Fachpersonal (also je nach Bedarf an einen Gynäkologen, Psychiater oder die örtliche Telefonseelsorge). Wahlweise können Sie sich von Ihrer Frau auch zu einem Termin bei einer der bundesweit eingerichteten Service-Annahmestellen, etwa Pro Familia, sowie die diversen Ehe- und Partnerschaftsberatungsstellen der öffentlichen Hand, überreden lassen, mit denen unser Haus eng zusammenarbeitet. Ihnen steht allerdings auch die Möglichkeit offen, einfach in die nächste Kneipe zu gehen und Ihren Kummer dort zu ertränken.

Zwischenmenschliche Beratungen, Reparaturen, Nachbesserungen und sonstige Änderungen sollten in Ihrem eigenen Interesse von einem mit Ihrem speziellen Modell Frau vertrauten Fachmann vorgenommen werden.

Außerdem machen wir Sie darauf aufmerksam, dass Ihre Frau nicht als fehlerhaft angesehen werden kann, wenn eine Modifikation oder Adaptierung an ihr vorgenommen werden muss, um einen Einsatz zu ermöglichen, für den das Modell in seiner ursprünglichen Spezifikation nicht vorgesehen war.

gewährleistung|garantie

a) durch unsachgemäße Behandlung

Schäden, die durch unsachgemäße Behandlung oder Bedienung, durch die Folgen normaler Abnutzung (beispielsweise klassischer Alltagstrott), durch falsches Aufstellen oder Aufbewahren, durch unsachgemäßen Anschluss oder fehlerhafte Installation sowie durch höhere Gewalt oder sonstige äußere Einflüsse (Blitz, Wasser, Feuer u. ä.) entstehen, fallen nicht unter die Gewährleistung.

b) durch Manipulation der Garantiedokumente

Des Weiteren wird die Garantie nicht gewährt, wenn die Garantiedokumente in irgendeiner Form geändert oder unleserlich gemacht wurden oder die Typ- bzw. Modellbezeichnung der Frau geändert, gelöscht, entfernt oder auf andere Art unleserlich gemacht wurde.

Umtausch/Schadensersatz

Autorin und Verlag behalten sich vor, bei Reklamationen durch ihre autorisierten Partner (siehe unter ⇨Kundendienst) die beanstandeten und/oder defekten Teile ausbessern, ersetzen oder die Frau komplett austauschen zu lassen.

Weitere Schadensersatzansprüche – auch hinsichtlich Folgeschäden – sind ausgeschlossen.

gewährleistung|garantie

Ersatzlieferung/Rückgaberecht

Diese über die gesetzliche Gewährleistungspflichten hinausgehende lebenslange Garantie gibt Ihnen das Recht auf Inanspruchnahme unseres Kundendienstes während der Garantiezeit, d. h. auf Reparatur, Ersatzlieferung oder Erstattung des Erwerbspreises.

i INFO!

Natürlich können Sie auch jederzeit von Ihrem Rückgaberecht Gebrauch machen. Geben Sie Ihre Frau nach Rücksprache mit unserem Hause bei ihren Eltern, Großeltern, Geschwistern, der besten Freundin, dem Exfreund bzw. Exmann oder den Weight Watchers ab. Ausgewiesene Neurotikerinnen dürfen in dringenden Fällen auch bei der für sie geeigneten Selbsthilfegruppe, einem Psychotherapeuten oder in der nächstgelegenen Nervenheilanstalt angemeldet werden. Näheres hierzu unter ⇨Recycling.

Garantieausschluss

Die Ansprüche aus dieser Garantie setzen allerdings voraus, dass die Frau stets ordnungsgemäß entsprechend ihrer Bedienungsanleitung behandelt und ausschließlich zum bestimmungsgemäßen Gebrauch verwendet wurde. Demnach erlischt der Gewährleistungsanspruch bei Eingreifen durch den Käufer oder durch Dritte.

gewährleistung|garantie

Gewährleistung/ Garantiebedingungen

Allgemeines
Ihre Frau wurde selbstverständlich nach strengsten Qualitätsnormen hergestellt und entspricht dem neuesten Stand der Technik und Psychologie.

Garantiezeit
Sie erhalten für einwandfreies Rohmaterial und fehlerfreie Fertigung ab Werk innerhalb der Bundesrepublik Deutschland eine lebenslange Garantie ab Erwerbsdatum.

ACHTUNG!
Eine lebenslange Garantie für ein glückliches, harmonisches und dauerhaft zufriedenstellendes Zusammenleben gibt es hingegen – leider – nicht.

Reklamationsmeldungen
Der Garantieanspruch ist vom Käufer durch Vorlage der beigehefteten Garantiekarte nachzuweisen. Wahlweise kann auch der Originalbeleg bzw. die Erwerbsbestätigung, die das Datum des Kaufes und den Namen der Erwerbsstelle sowie die vollständige Typ- und Modellbezeichnung zu tragen hat, vorgelegt werden. Die Reklamation kann nur bearbeitet werden, wenn die Garantiekarte vollständig ausgefüllt ist und der Rücksendung zudem eine ausführliche Mängelbeschreibung beiliegt. Allgemeine Aussagen wie „Nicht zufrieden" können nicht bearbeitet werden.

selbsthilfe bei störungen

Symptom	**In regelmäßigen Abständen (meist zum Frühlings-anfang) veranstaltete Diätwochen und damit einher-gehende unangenehme Reduktion des Kühlschrank-inhalts sowie heftige Einschränkung des Speiseplans**
Ursache	Von Werbung und Medien eingeimpfter Schlankheits-wahn; Irrglaube, mit einer guten Figur ginge alles leich-ter
Abhilfe	Stärken Sie ihr Selbstbewusstsein durch Komplimente und bestätigen Sie ihr in ausreichenden Dosen (also minde-stens 35-mal täglich), sie so zu lieben, wie sie ist.

Können Sie den Fehler durch die hier genannten Maßnahmen nicht beheben, so wenden Sie sich bitte umgehend an einen unserer autorisierten Servicepartner.
Näheres hierzu finden Sie unter ⇨Kundenservice.

selbsthilfe bei störungen

Symptom	**Mangelnde Bereitschaft zur Erfüllung der ehelichen (oder vorehelichen) Pflichten während der Regel**
Ursache	Körperliche Beschwerden (die nicht zu unterschätzen sind); Hormonschwankungen
Abhilfe	Begnügen Sie sich eben mal mit Kuscheln, bitten Sie gegebenenfalls um einen Blow Job, greifen Sie auf Ihre rechte Hand bzw. auf Pornovideos zurück, oder nehmen Sie – in ganz dringenden Notfällen – professionelle Hilfe in Anspruch (und rechnen Sie bei Letzterem mit heftigem Ärger).
Symptom	**Wiederholte Anfälle von Kaufrausch**
Ursache	Akutes Stimmungstief, das durch eine Vielzahl an Ereignissen ausgelöst werden kann
Abhilfe	Versuchen Sie, ihre Laune positiv zu beeinflussen, sie rechtzeitig zu trösten und ihr gut zuzureden.
Symptom	**Fanatisches Lüften sämtlicher Räume (vor allem des Badezimmers), selbst bei arktischen Außentemperaturen**
Ursache	Ungleiches Frischluftbedürfnis
Abhilfe	Gehen Sie immer vor ihr ins Bad, dann kann sie hinterher ja ruhig das Fenster aufreißen.

selbsthilfe bei störungen

Symptom	**Übertriebener Ehrgeiz hinsichtlich Ihres beruflichen Erfolgs**
Ursache	Geheimer Wunsch, an der Seite eines erfolgreichen Mannes zu stehen und an dessen Ruhm teilzuhaben
Abhilfe	Lassen Sie sich das Zepter nicht aus der Hand nehmen, weisen Sie sie deutlich in ihre Schranken und dulden Sie keine Widerworte.
Symptom	**Notorisches Misstrauen verbunden mit ständigem Hinterherspionieren sowie regelmäßiger Taschenkontrolle**
Ursache	Mangelndes Selbstwertgefühl; zu geringes Selbstvertrauen; krankhafte Eifersucht
Abhilfe	Geben Sie ihr keinen Anlass, Ihnen zu misstrauen (wichtige Grundvoraussetzung), und verteilen Sie Zettel mit kleinen Botschaften („Ich liebe dich und deine Neugier") auf die von ihr bevorzugten Untersuchungsobjekte.
Symptom	**Streit um die terminliche Handhabung anstehender Aufgaben**
Ursache	Angeborene Unterschiede im Setzen von Prioritäten
Abhilfe	Übernehmen Sie nur Aufgaben, die Sie auch gerne (also: möglichst rasch) zu übernehmen bereit sind, und versuchen Sie, alles andere zu delegieren (an wen auch immer).

selbsthilfe bei störungen

Symptom	**Unverhältnismäßig häufige Migräneanfälle (vor allem in Verbindung mit von Ihnen geäußertem Wunsch nach Sex)**
Ursache	Faule Ausrede; Fluchtinstinkt
Abhilfe	Führen Sie genau Protokoll und schicken Sie sie gegebenenfalls zum Arzt.
Symptom	**Blinder Aktionismus in der Vorweihnachtszeit, gelegentlich sogar bis über die Festtage hinaus, sowie Zwang zur Ausübung diverser (unsinniger) Rituale**
Ursache	Seit Urzeiten vererbter Familieninstinkt; Harmoniesucht
Abhilfe	Lassen Sie sie einfach gewähren, halten Sie sich so weit es geht aus allem heraus und erledigen Sie alle Ihnen aufgetragenen Arbeiten kommentarlos; Sie können dieses Phänomen nicht stoppen.
Symptom	**Kauf von Kleidungsstücken, die zum einen völlig überteuert und zum anderen schon im Geschäft offenkundig zu eng bzw. klein sind**
Ursache	törichte Hoffnung, in absehbarer Zeit doch noch abzunehmen; Wunsch, sich etwas zu gönnen
Abhilfe	Verkneifen Sie sich spitze Bemerkungen, sie weiß im Grunde ja selbst, wie bescheuert das ist, und übersehen Sie das Problem, solange im Kleiderschrank noch genug Platz für Ihre Hemden und Hosen ist.

selbsthilfe bei störungen

Symptom	**Wiederholt vorgetragener Kinderwunsch, droht zur Manie zu werden**
Ursache	Die biologische Uhr; Mutterinstinkt; Schutzmechanismus der Natur zur Sicherung der Fortpflanzung
Abhilfe	Bewahren Sie Ruhe, lenken Sie geschickt vom Thema ab und sitzen Sie das Ganze aus.
Symptom	**Notorisches Zuspätkommen**
Ursache	Mangelndes Zeitgefühl, Unfähigkeit, die tatsächliche Entfernung zwischen Ausgangs- und Zielort richtig einzuschätzen und rechtzeitig loszugehen (wird von derselben Hirnregion gesteuert, die auch für das Lesen von Karten aktiviert wird)
Abhilfe	Basteln Sie ihr einen ausgeklügelten Zeitplan für Fahrten mit dem Auto (inklusive Verzögerungen bei Stoßzeiten und in Stausituationen) und dem öffentlichen Nahverkehr (Verspätungen stets einkalkulieren).
Symptom	**Sich häufende Entscheidungsneurosen, nahezu alle Fragen des Lebens betreffend**
Ursache	Angst vor nicht rückgängig zu machenden Fehlentscheidungen und Furcht, im Leben etwas zu verpassen
Abhilfe	Stärken Sie ihr Vertrauen in sich selbst, unterbreiten Sie maßvoll Lösungsvorschläge, geben Sie ihr das Gefühl, dass Sie immer zu ihr stehen.

selbsthilfe bei störungen

schönstes Badewetter ist und Sie ihr versprochen haben, an den See zu fahren,

✔ ihr nie etwas von Ihrer Arbeit oder gar den Problemen im Büro zu erzählen, weil sie sich dann aus Ihrem Leben ausgeschlossen fühlt,

✔ der anhaltende Missbrauch Ihrer Partnerin als Kellnerin, Zimmermädchen, Krankenschwester, Raumpflegerin, Animierdame u. ä.,

✔ in ihrem Beisein wiederholt anderen Frauen hinterher zu schauen (egal wie attraktiv sie sind) und vielleicht auch noch anerkennend die Augenbrauen zu heben,

✔ ihr mehr oder minder deutlich zu verstehen zu geben, dass sie für gewisse technische Zusammenhänge einfach nicht die nötige Gehirnmasse aufbringt, nur weil sie mal wieder ratlos vorm Computer sitzt und beinahe die Festplatte neu formatiert hätte,

✔ die unangenehmen Seiten der Kindererziehung immer nur ihr zu überlassen und sich selbst nur die Rosinen herauszupicken (also sich immer dann aus dem Staub zu machen, wenn der Nachwuchs anstrengend und/oder quengelig wird, beim Gang in den Freizeitpark oder sonstigen Vergnügungen aber die Initiative zu ergreifen).

Die nachfolgende Übersicht soll Ihnen dabei helfen, die Ursachen der am häufigsten auftretenden Fehler rasch zu finden und problemlos zu beheben.

selbsthilfe bei störungen

Typische Anwenderfehler sind

✔ völliges Desinteresse an ihrer jeweiligen Garderobe, vor allem bei offiziellen Anlässen oder kulturellen Veranstaltungen wie Opernabenden etc. – sie braucht eben ein bisschen Bestätigung,

✔ die Weigerung, kleinere Hilfstätigkeiten im Haushalt ohne mehrfache Aufforderung und (!) ohne Murren zu erledigen,

✔ ihr wiederholt die Schuld an Ihrer Erektionsstörung zu geben,

✔ die Eigenart, beim Sex die Socken anzulassen oder nach dem Samenerguss hektisch mit einem Tempo übers Laken zu tupfen (sonst fragt sie sich am Ende noch, ob das Zeug etwa giftig ist und Sie können jegliche Gedanken an einen perfekten Blow Job endgültig aus Ihrem Hirn verbannen),

✔ am Tag nach dem ersten Date nicht anzurufen und sie vor dem Telefon schmoren zu lassen,

✔ sie gleich zu fragen, ob sie ihre Tage bekommt, nur weil sie mal eben schlecht drauf ist,

✔ die Verhütung ganz selbstverständlich voll und ganz ihr zu überlassen,

✔ Restaurantrechnungen und andere gemeinsame Ausgaben immer penibelst auseinander zu dividieren und sich sogar zu merken, dass sie Ihnen noch zwei Euro für den Eintritt ins Schwimmbad schuldet,

✔ jeden Sonntag am PC zu verbringen, obwohl draußen

Selbsthilfe bei Störungen

Nicht bei jeder kleineren Funktionsstörung muss es sich automatisch um einen tatsächlichen Defekt an Ihrer Frau handeln. Erfahrungsgemäß lassen sich einfache Fehler, die nach einigen Monaten automatisch im täglichen Betrieb auftreten, selbst beheben, ohne dass Sie gleich den Kundendienst rufen müssen. So sparen Sie einiges an Zeit und Kosten.

Generell sei Ihnen jedoch empfohlen, kleinere Mängel sofort untersuchen zu lassen und Reparaturen möglichst immer unmittelbar nach Auftreten des Defektes durchzuführen, da sonst die Gefahr besteht, dass sie verschleppt werden und sich zu handfesten Unarten oder Problemen auswachsen.

Zunächst einmal sollten Sie jedoch überprüfen, ob es sich bei der auftretenden Störung tatsächlich um einen Funktionsfehler Ihrer Frau handelt. Eventuell ist stattdessen ein typischer Anwenderfehler die Ursache dafür, dass Ihr Modell hyperventiliert und Alarmstufe rot angesagt ist.

Erst wenn Sie die folgende Liste abgehakt und alle (wirklich alle) genannten Punkte als Fehlerquelle ausschließen können, sollten Sie Ihre Frau einer eingehenden Ursachen-Inspektion unterziehen.

werkseinstellungen wiederherstellen

➤ Geld macht schön (und damit auch interessant). Sollten Sie also keine Erbschaft erwarten, dann spielen
Sie Lotto, was das Zeug hält, oder bewerben Sie sich
bei *„Wer wird Millionär"*.

➤ Erfolg macht sexy – sorgen Sie für ausreichend Er-
folgsmeldungen von der beruflichen Front und ver-
weisen Sie bei offiziellen Anlässen regelmäßig auf die
patente Frau, die Ihnen den Rücken stärkt – das
macht sie unglaublich stolz, und sie fühlt sich ge-
braucht.

➤ Männer, die auch mal über ihre Gefühle reden, sammeln Pluspunkte, die durch nichts wieder zu tilgen
sind.

Wenn Sie nun aber doch ins Grübeln gekommen sind und
sich und Ihr Modell Frau hinsichtlich der gängigen Routinefallen einmal auf die Probe stellen wollen, so lesen
Sie bitte das gleich lautende Kapitel in der Gebrauchsanleitung für Männer nach.

werkseinstellungen wiederherstellen

höchste Zeit zu handeln. Es ist nämlich anzunehmen,
dass der Zufriedenheitsmodus Ihrer Frau deutlich ge-
stört ist.

Wenn Sie nun eindeutig festgestellt haben, dass das
Hauptinteresse Ihrer Frau nicht länger ausschließlich
Ihrem leiblichen und körperlichen Wohlergehen (und
dem Ihrer gemeinsamen Kinder) gilt, bleiben Ihnen
mehrere Möglichkeiten, um das Interesse Ihrer Frau wieder auf Ihre Person zu lenken. Was die üblichen Geschenke angeht, sei hier auf den Umgang mit ⇨Ver-
schleißerscheinungen verwiesen. An dieser Stelle geht
es vielmehr um andere Besonderheiten, bei denen nahezu jedes Standardmodell schwach wird.
Hierzu gehören die folgenden Gesetzmäßigkeiten:

➤ Musiker üben eine unwiderstehliche Anziehungskraft
   aus – holen Sie also in Gottes Namen Ihr altes Sa-
   xophon vom Speicher und legen Sie los (am besten
   Sie suchen sich eine Band, mit der Sie regelmäßig
   auftreten können).
➤ Das Gleiche gilt für Sportler, sofern sie den Sport
   nicht nur für sich, sondern öffentlichkeitswirksam betreiben, also beim örtlichen Stadtmarathon mitlau-
   fen (und sich nicht ganz blamieren) oder beim Fuß-
   ball/Handball/Volleyball/Basketball-Spiel gegen den
   Lokalrivalen das entscheidende Tor/den entschei-
   denden Punkt erzielen (Frauen sind ja so genügsam).

Werkseinstellungen wieder-
herstellen

Verläuft der Normalbetrieb über längere Zeit wie am Schnürchen und Sie sind nach einer gewissen Übungs- und Testphase mit allen Standard- sowie Sonder- und Zusatzfunktionen Ihres Modells ganz und gar vertraut, so sind Sie im Alltag angekommen.

Während Frauen sich häufig vor Routinefallen fürchten und einen ganzen Katalog von Maßnahmen ergreifen, um diesem Phänomen zu begegnen, ist der männliche Mechanismus eher weniger anfällig gegen Routinefallen. Wahrscheinlich ist Ihnen daher bisher gar nichts Negatives aufgefallen oder Sie sind ohnehin nach Abflauen des ersten (vorwiegend sexuellen) Interesses so sehr mit sich, Ihrem beruflichen Weiterkommen, Ihren Hobbys, Ihrer Leibesertüchtigung oder Ihrer Geliebten derart beschäftigt, dass Sie es in der Regel gar nicht bemerken, ob Ihre Frau anwesend ist oder nicht.

Sollte es Ihnen also an nichts mangeln und sollte selbst Ihre Frau keinen dieser Punkte bisher zur Diskussion gestellt haben, so dürfen Sie sich durchaus glücklich schätzen. Spätestens wenn Ihnen jedoch die sauberen Unterhosen ausgehen oder der Kühlschrank nicht mehr regelmäßig aufgefüllt wird, weil Ihre Frau zunehmend ihre eigenen Interessen verfolgt, ist es auch für Sie

versteckte fehlfunktionen

2. Wenn sie etwas absolut nicht will, dann tut sie es auch nicht, und sie würde es nie aus Bequemlichkeit oder um des lieben Friedens willen doch tun – lieber diskutiert sie die Sache so lange aus, bis Sie entnervt aufgeben.

3. Sie wird immer und in allen erdenklichen Belangen übertreiben; es handelt sich hierbei um einen angeborenen Reflex, da sie sich sonst unter Ihresgleichen nicht durchsetzen könnte, und ist daher nicht überzubewerten (nehmen Sie also Kommentare oder Anschuldigungen wie „Du hörst mir nie zu" oder „Immer muss ich hinter dir herräumen" niemals persönlich).

ℹ INFO!

Den Code für diese Gesetze hat trotz modernster Forschungsmethoden bis heute noch niemand geknackt! Sollte es Ihnen gelingen, bitten wir Sie, umgehend den Verlag bzw. die Autorin zu benachrichtigen – Ihr Tipp wird garantiert in der nächsten Auflage dieser Gebrauchsanleitung berücksichtigt.

4. Sie wird wohl nie lernen, im richtigen Moment mal den Mund zu halten.

5. Bei wichtigen Anlässen muss sie einmal den gesamten Kleiderschrank durchprobieren, um sich letzten Endes doch für das zuerst ausgewählte Outfit zu entscheiden – nur so kann sie in der Gewissheit, wirklich das Beste gewählt zu haben, den Abend entspannt genießen.

zeitung als Unterlage zu benutzen und damit für gut 45 Minuten zu blockieren;

8. Ihre Videokassetten (sogar die mit dem WM-Finale von 1954) trotz sorgfältiger Beschriftung einschließlich des Zusatzes „Bitte unter keinen Umständen löschen" mit irgendeinem belanglosen Spielfilm zu überspielen, den sie sich dann sowieso nie ansieht;

9. das halbe Badezimmer mit Unterlassungsaufforderungen zum Stehpinkeln zuzupflastern (wahlweise durch absolut unkomische – ihrer Meinung nach jedoch unglaublich witzige – Schilder mit Piktogrammen, Comicfiguren und diversen Haustieren);

10. Sie beim Essen quasi zu einem Nachschlag zu zwingen, obwohl Sie schon mehr als satt sind, indem sie an ihren Kochkünsten zweifelt („Schmeckt's dir etwa nicht?") und mit Totalverweigerung droht („Dann koche ich ab morgen eben nicht mehr!");

11. sämtliche Hochzeiten, Kindstaufen und Beerdigungen in den europäischen Königshäusern am Bildschirm live mitzuverfolgen.

Weitere Gesetze, die unumstößlich im Betriebssystem jeder Frau installiert sind und leider auch nicht manipuliert werden können:

1. Wenn sie ein Problem herbeireden will, dann schafft sie das auch – und das meist so geschickt, dass Sie nicht einmal wissen, wie Ihnen geschieht (das Phänomen muss etwas mit Autosuggestion zu tun haben).

versteckte fehlfunktionen

lochs) einzuschränken und Ihren gewohnten Lebensraum damit wenigstens zeitweise zu erhalten;

2. Joghurts und andere Milchprodukte bereits einen Tag vor Ablauf des Verfallsdatums gnadenlos auszusortieren und bei leichten Schimmelspuren auf Käse etc. gleich in Hysterie zu verfallen und auch zur Sicherheit schon mal den gesamten Kühlschrankinhalt in den Müll zu werfen;

3. Ihre Treue anzuzweifeln und daher regelmäßig Ihre Sakkos, Aktentasche, E-Mail-Postfächer sowie die Telefonbucheinträge Ihres Handys und Ihren Terminkalender zu kontrollieren;

4. die Versuche, Ihren besten Freund wiederholt bei diversen, eigens arrangierten Abendessen oder sonstigen Veranstaltungen mit einer ihrer Freundinnen zu verkuppeln und ihn damit irgendwann endgültig zu vergraulen;

5. einen Sternenhimmel trotz klirrender Kälte und störenden Nebengeräuschen (beispielsweise ein anhaltendes Knurren Ihres Magens) für unglaublich romantisch zu halten;

6. immer wieder von Ihrem Teller zu probieren, nur um festzustellen, dass ihr eigenes Gericht doch besser schmeckt;

7. sich vor dem Fernseher einer ausgiebigen Pediküre zu widmen und Ihnen dabei nicht nur mit Folterinstrumenten wie Hornhauthobeln den Appetit auf die Chips zu verderben, sondern auch noch die Fernseh-

aus der neuen Kollektion stundenlang vor dem Laden Schlange zu stehen und ein halbes Vermögen dafür hinzublättern;

7. öffentliche Toiletten auch mal ohne Begleitung der besten Freundin aufzusuchen (schließlich ist sie ein erwachsener Mensch und könnte den Reißverschluss ihrer Hose auch allein öffnen, oder?);

8. Ihre sachlich vorgebrachte (und eventuell sogar berechtigte) Kritik als persönliche Beleidigung, heimtückischen Diffamierungsversuch oder, Angriff auf ihr Selbstwertgefühl misszuverstehen und mindestens eine mittelschwere Krise heraufzubeschwören;

9. Ihnen eine Unzahl an Zugeständnissen und Verzichtserklärungen abzuverlangen, ohne auch nur im Geringsten eine ähnliche Kompromissbereitschaft an den Tag zu legen;

10. In regelmäßigen Abständen über ihre Figur bzw. ihre fortschreitende Cellulitis zu klagen und einen ganzen Katalog an Maßnahmen, etwa Diäten, sportliche Betätigung etc. anzukündigen (von denen dann höchstens drei Prozent umgesetzt werden).

Dinge, die Sie ihr nur unter enormem Zeitaufwand und/oder seelischer Grausamkeit beibringen bzw. abgewöhnen können (Erfolgsquote ungewiss, Energiefaktor eindeutig zu hoch, demnach Aktion sinnlos):

1. Ihren offenbar angeborenen Dekowahn wenigstens zeitweilig (beispielsweise während des Sommer-

versteckte fehlfunktionen

Gewöhnen Sie sich am besten schon mal an den Gedanken, dass Ihr Modell Frau ab und an Dinge tut, deren Ursache bzw. Beweggrund Ihnen für immer und ewig un-
erklärlich/ein Rätsel/unbegreiflich/ein Buch mit sieben
Siegeln/schleierhaft/im Verborgenen/unfassbar/nicht
nachvollziehbar/unerforschlich – kurz und gut: verschlossen bleiben wird.

**Dinge, die Sie ihr unter keinen Umständen beibrin-
gen bzw. abgewöhnen werden:**
1. Diverse Serien wie *Friends, Sex and the City* und/oder
   Daily Soaps oder gar die 27. Wiederholung von *Dirty
   Dancing* anzusehen;
2. in regelmäßigen Abständen Frustkäufe zu tätigen,
   anstatt sich durch Joggen oder Ähnliches abzurea-
   gieren;
3. für Typen wie Brad Pitt, Robbie Williams und George
   Clooney zu schwärmen;
4. sich Schuhe zu kaufen, bei denen sie schon beim An-
   probieren merkt, dass sie sich darin Blasen holen
   wird, nur weil die Dinger so unglaublich schick aus-
   sehen/einen schmalen Fuß machen/der letzte Schrei
   sind/ihre beste Freundin die gleichen besitzt;
5. bei jeglicher Art von Gefühlsregung (die Palette
   reicht da von Wut, Trauer, verletztem Stolz, Freude
   und Angst bis zu Unsicherheit) oder Schmerz ihren
   Tränen freien Lauf zu lassen;
6. für ein Halstuch von Hermès oder eine Gucci-Tasche

versteckte fehlfunktionen

ACHTUNG!

Sollte Ihr Standardmodell schon bei den ersten Treffen wiederholt mit Berichten über die versuchte oder gar geglückte Zivilisierung ihrer Expartner aufwarten, so seien Sie auf der Hut. Sie wird bei Ihnen garantiert nicht von ihrem Erfolgsrezept abweichen, und Ihnen blüht Ähnliches. Versuchen Sie das Ausmaß der Sie erwartenden Erziehungsmaßnahmen vorab zu ermitteln und sehen Sie notfalls von einer Partnerschaft ab – das erspart Ihnen jede Menge Ärger und Nerven.

versuche zur Wehr zu setzen, und die Rolle des Unmutsverursachers haftet an Ihnen wie eine Klette. Auf lange Sicht kann dies durchaus zermürbend sein und Ihre Geduld ebenso wie Ihre Gutmütigkeit auf eine harte Probe stellen.

Problemlösung

Abgesehen davon schlagen die meisten der selbst und unter Ausschluss fachlicher Hilfe vorgenommenen Problemlösungsversuche fehl, da die Testobjekte aufgrund mangelnder Hartnäckigkeit oft zu unfairen, die Wettbewerbsbedingungen verzerrenden Mitteln wie emotionale Erpressung und Co. greifen. Da nützt dann leider selbst das höhere Durchhaltevermögen der jeweiligen den Test durchführenden Person nicht mehr viel.

Am besten fahren Sie jedoch, wenn Sie die folgenden Gesetze einfach kommentarlos akzeptieren – was Ihnen ohnehin nicht schwer fallen dürfte – und Ihrer Frau so möglichst wenig Angriffsfläche bieten.

Versteckte Fehlfunktionen

Allgemeines

Trotz höchster Qualitätsstandards kommt es beim Modell Frau immer wieder zu mehr oder minder versteckten technischen Mängeln, die sich in den meisten Fällen recht schnell (in der Regel unmittelbar nach dem ersten gemeinsamen Abend) offenbaren. Frauen verfügen glücklicherweise über keine integrierte Zeitschaltuhr, sodass die überwiegende Zahl ihrer Defekte und Fehlfunktionen nahezu von Anfang an offensichtlich ist – sofern man denn genau genug hinsieht.

Da der Garantieanspruch von diesen nicht behebbaren Eigenarten unberührt bleibt, sollten Sie sich vorab mit einigen ebenso unschönen wie unwiderruflichen Tatsachen vertraut machen. Sonst sind Sie nämlich nicht nur ein Leben lang damit beschäftigt, mit den wechselhaften Launen Ihrer Frau umzugehen, sondern müssen sich zudem gegen hartnäckige (mitunter gar penetrante) Erziehungs-

> **⚡ WICHTIG!**
>
> Natürlich gibt es auch Frauen, auf die kein einziger der im Folgenden genannten Punkte zutrifft. Sollten Sie sich also tatsächlich ein solches Ausnahmeexemplar, die so genannten *mulier perfecta*, geangelt haben, so beglückwünschen wir Sie an dieser Stelle recht herzlich. Dennoch raten wir Ihnen weiterzulesen, damit Sie ein Bild davon bekommen, womit sich 99 Prozent Ihrer männlichen Mitbürger tagtäglich herumplagen müssen.

zusatzfunktionen

✋ JETZT ZUGREIFEN

Im Rahmen unserer Aktionswochen bieten wir derzeit auch ein ganz besonderes Rundumpaket an. Darin enthalten sind sämtliche Wörter und kurzen Sätze, die im Sprachgebrauch einer normalen Frau äußerst selten bis nie vorkommen. Hierzu gehören:

➲ Trink doch noch eins.

➲ Ab heute erledige ich die Hausarbeit nackt.

➲ Kein Problem, nächstes Jahr ist auch noch ein Hochzeitstag.

➲ Wie wär's mit 'nem Quickie?.

➲ Das bisschen Migräne macht doch nichts.

➲ Sieh mal, die hat aber einen tollen Busen.

➲ Mann, warst du wieder gut heute.

➲ Lass mal, ich räum das schon weg.

➲ Soll ich dir noch ein Bier bringen?

➲ Heute mähe ich mal den Rasen, sieh du nur fern.

➲ Wolltest du nicht längst in der Kneipe sein?.

➲ Ich habe dir den neuen *Playboy* mitgebracht.

➲ Nein, natürlich fahre ich allein zu meiner Mutter.

➲ Ich gehe jetzt nach Hause, aber bleib du ruhig noch.

➲ Ich bin mal kurz draußen, die Winterreifen aufziehen.

➲ Deine Geliebte ist ja echt nett.

Nutzen Sie jetzt die einmalige Gelegenheit und sichern Sie sich dieses Zusatzpaket, Sie werden es nicht bereuen. Die Installation ist kinderleicht, und einmal eingebaut, sind die einzelnen Module in individueller Reihenfolge beliebig oft abrufbar.

z u s a t z f u n k t i o n e n

Deaktivierung einzelner Funktionen

Außerdem besteht die Möglichkeit, diejenigen Einstellungen, die am häufigsten zu Reklamationen und Umtausch führen, gegen einen gewissen Aufschlag deaktivieren zu lassen. Dieses Serviceangebot ist zwar nicht ganz billig, kann im Einzelfall jedoch sehr lohnenswert sein. Im Angebot sind derzeit

➤ der vorübergehende oder dauerhafte Ausbau der Heiratswunsch-Platine,

➤ der freiwillige Verzicht auf ständige Liebesbekundungen jeder Art (seien sie nun verbal oder materiell),

➤ das Anhalten der biologischen Uhr,

➤ die Entfernung von automatisierten Fragemodulen wie „Woran denkst du gerade?", „Bin ich eigentlich zu dick?" oder „Liebst du mich noch?",

➤ der Wegfall von Fangfragen, mehrdeutigen Bemerkungen, andauernden Gegenfragen, sonstigen Subtilitäten sowie Fragen, auf die eigentlich gar keine Antwort erwartet wird,

➤ das Löschen von Standardeinstellungen wie Widersprechen, prinzipielles Behaupten des Gegenteils, wiederholtes Nachfragen, Aushorchen, Verdrehen von Argumenten und Kernaussagen,

➤ die deutliche Dämmung der Schmutzwahrnehmungsfunktion verbunden mit einer Erhöhung der Schmerzgrenze.

zusatzfunktionen

➤ Gelassenheitstool
➤ Kochen-wie-zu-Omas-Zeiten-Taste
➤ Schweigen-statt-Reden-Funktion
➤ Sex-statt-Kuscheln-Modus
➤ Arachnophobie-Schutz
➤ Ich-bin-zufrieden-Modus (wahlweise anwendbar auf Figur, finanzielle Situation, Aussehen allgemein, Partnerschaft, Kinder)
➤ Polygamiefunktion

Schwangerschaft
Zusätzlich zu den oben erwähnten Einstellungen gibt es eine weitere Sonderfunktion, für deren Installation Sie jedoch selbst verantwortlich sind: die Schwangerschaft.

◆ VORSICHT!
Eine Schwangerschaft kann sehr schön sein, in Einzelfällen aber auch mit erheblichen Nebenwirkungen wie Stimmungsschwankungen, chronischer Müdigkeit, Übelkeit, Gereiztheit und körperlichen Beschwerden, etwa Rückenschmerzen, einhergehen.

Im Anschluss an die Schwangerschaft wird automatisch der Muttermodus aktiviert, der Ihre Frau für den Rest ihres Lebens dominieren wird. Nach einigen Anlaufschwierigkeiten (häufig verbunden mit Aufmerksamkeitsentzug für Sie) pendeln sich sämtliche Funktionen des Normalbetriebs allerdings wieder ein, und Sie können Ihre Frau in gewohnter Weise bedienen.

Zusatzfunktionen

Allgemeines

Einige der frei auf dem Markt erhältlichen Modelle sind mit speziellen und bei den Anwendern im Allgemeinen sehr begehrten Zusatzfunktionen ausgerüstet. Der Speicherplatz für derartige Funktionen ist nicht begrenzt und damit beliebig erweiterbar, wenn es auch gelegentlich zu Installationsproblemen kommen kann.

Verfügbarkeit

In der Regel sind die Grundmodule für diese Sonderfunktionen nämlich nicht bereits zum Zeitpunkt des Erwerbs in Ihrer Frau enthalten, sondern müssen eigens installiert werden. Dennoch können Sie Ihr Standardmodell jederzeit auf- bzw. nachrüsten, wobei je nach Material- und Zeitaufwand unterschiedlich hohe Kosten anfallen.

Art der Zusatzfunktionen

Derzeit sind die folgenden Zusatzfunktionen wählbar:
- ➤ Rundumversorgung all Ihrer Grundbedürfnisse (inklusive Sex zu jeder Tages- und Nachtzeit)
- ➤ Stark erhöhte Akzeptanz der Tatsache, dass Sie nicht immerzu an Ihre Frau denken
- ➤ Weiblicher Fußballfan
- ➤ Krankenschwester
- ➤ Ja-Schatz-Modus

n o r m a l b e t r i e b

Situation	**Uneinigkeit bei Auswahl und Erwerb von Neuanschaffungen**
Ursache	Unterschiedlich definierter Anspruch an Form, Sinn und Zweck, Preis, Beschaffenheit, Einsatzmöglichkeiten und Aussehen von Dingen des täglichen Gebrauchs
Verhalten	Versuchen Sie zunächst, sich auf einen Kompromiss zu einigen; falls sich die Diskussion zu sehr in die Länge zieht, spielen Sie Ihre Macht als Alphamännchen aus – oder wollen Sie etwa alles doppelt kaufen?
Situation	**Anhaltender Streit über den jeweiligen Fahrstil des Partners**
Ursache	Ungleiches Aggressionspotenzial, typisch männliche bzw. weibliche Eigenschaften wie Dominanz, Machtwille und Potenzgebaren gegenüber Weitsicht, Zögerlichkeit und Rücksicht
Verhalten	Fahren Sie nur noch getrennt oder narkotisieren Sie den jeweiligen Beifahrer, bis Sie Ihr Fahrtziel erreicht haben – anders geht es leider wirklich nicht.

normalbetrieb

Situation	Divergenzen in Einrichtungsfragen bzw. beim Möbelkauf
Ursache	Verschieden hohe Ansprüche: Männer brauchen nun mal nur ein Bett, einen Kühlschrank (gerne in Bettnähe) sowie Fernseher, PC und Hifi-Anlage, während Frauen von Natur aus Expertinnen in Sachen Höhlenbau sind
Verhalten	Teilen Sie die einzelnen Zimmer Ihrer Wohnung gerecht auf und lassen Sie jeden Partner „seine" Räume gestalten – oder ziehen Sie erst gar nicht zusammen.
Situation	Wiederholte Diskussionen in Sachen Sauberkeit der gemeinsamen Wohnung
Ursache	Absolut unterschiedliches Wahrnehmungsvermögen von Staub, dreckigem Geschirr, Flecken, Wollmäusen, Schlieren, Kalkablagerungen, also Schmutz im Allgemeinen
Verhalten	Engagieren Sie einfach eine Putzfrau, alle anderen Aktionen (Aufteilung der Wohnung in verschiedene Putzbereiche inklusive Rotationsprinzip, Versuche, den Begriff Sauberkeit neu zu definieren, etc.) schlagen ohnehin fehl.

n o r m a l b e t r i e b

Situation	Immer währender Kampf um den Platz im Kleider-schrank oder um Regalmeter im Badezimmer
Ursache	Unterschiedlich großes Interesse für das eigene Erscheinungsbild
Verhalten	Seien Sie ruhig ein wenig großzügig, aber beharren Sie auf Ihrem Recht, wenigstens die wichtigsten Utensilien und Kleider unterbringen zu dürfen.
Situation	Gelegentliche Auseinandersetzungen über die Farbe wichtiger Dinge (etwa von Hochzeitseinladungen, Menükarten, Sofabezügen)
Ursache	Differenzen in der Farbwahrnehmung – Männer sehen nun mal nicht mehr als 15 Farben
Verhalten	Kaufen Sie sich im Malerfachhandel eine Farbkarte mit allen gängigen Mustern und lernen Sie das Ding auswendig.
Situation	Streit über das ungleiche Timing von zu erledigenden Aufgaben verbunden mit wiederholten Ermahnungen an Ihre Adresse
Ursache	Unterschiedliche Bewertung von Prioritäten
Verhalten	Bedingen Sie sich aus, Dinge nach Ihrem Prioritätsempfinden erledigen zu dürfen, oder verweigern Sie die Arbeitsteilung komplett – aber strapazieren Sie die Geduld Ihrer Partnerin nicht übermäßig und warten Sie nicht länger als eine Woche, bis Sie die Sache angehen.

Inkompatibilität von Mann und Frau

Grundsätzlich sollten Sie sich allerdings jederzeit darüber im Klaren sein, dass es diverse Situationen, Begebenheiten, Anlässe und Momente gibt, in denen Frau und Mann einfach nicht kompatibel sind.

ACHTUNG!

Auch wenn Sie das jetzt weder sonderlich überrascht noch in irgendeiner Form weiter stört, bedenken Sie bitte, dass Ihre Frau das ein bisschen anders sieht. Sie sollten ihr daher möglichst keinen Anlass zur Sorge geben, um das tägliche Zusammenleben nicht mehr als nötig zu stören.

In der folgenden Tabelle finden Sie einige typische Normalbetriebssituationen mit mangelhaftem Kompatibilitätsfaktor, die Sie wie nahezu alles andere auch einfach klaglos hinnehmen sollten. Damit Sie in Zukunft derartige Momente besser einzuschätzen wissen und in jeder erdenklichen Lebenslage angemessen reagieren können, sind hier kurz auch die Ursachen sowie einige Verhaltensmaßregeln aufgelistet.

n o r m a l b e t r i e b

Allgemeine temperatursenkende Maßnahmen sind
- ✔ Blumen (kommen nun mal immer gut, vor allem dann, wenn Sie vorher nichts verbockt haben),
- ✔ auf die Zigarette danach verzichten,
- ✔ Ihren Problemlösungsdrang unterdrücken und stattdessen einfach nur zuhören,
- ✔ unaufgefordert Details preisgeben,
- ✔ beim Essen einen Nachschlag verlangen,
- ✔ freiwillig den Müll runtertragen,
- ✔ die Socken in (!) den Wäschekorb werfen, nicht wie sonst daneben,
- ✔ die neue Frisur bemerken,
- ✔ ihr unverhofft Komplimente machen,
- ✔ sie das Fernsehprogramm bestimmen lassen,
- ✔ Interesse für Ihre Probleme zeigen,
- ✔ ohne Aufforderung im Sitzen pinkeln (ebenfalls ein Dauerthema und daher mehrfach erwähnt),
- ✔ den Kindern bei den Hausaufgaben helfen,
- ✔ ihr ohne Anlass Schmuck schenken,
- ✔ auf einen Herrenabend verzichten – ihr zuliebe,
- ✔ ihr einen Liebesbrief schreiben.

Wie erwähnt kann es sich hierbei nur um eine unverbindliche Vorschlagsliste handeln. Leider ist es äußerst schwierig, in den Standardmodellen gewisse allgemein gültigen Betriebsmodule zu installieren, die auf Störungen wenn schon nicht einheitlich, so doch zumindest ähnlich reagieren.

ein Rätsel, wieso Frauen beim Anblick eines völlig verwahrlosten, halb blinden und hinkenden streunenden Katers auf Kreta in Verzückung geraten. Oder warum vereinzelte Standardmodelle keine einzige Folge von TV-Sendungen wie *Herrchen gesucht* verpassen, obwohl sie eine Tierhaarallergie haben und keine einzige der dort vorgestellten Kreaturen jemals werden aufnehmen können.

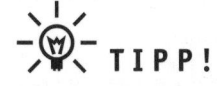

TIPP!

Schenken Sie diesem Phänomen einfach keine weitere Beachtung. In der Regel wird nach ca. 30 Minuten automatisch die Abschaltfunktion aktiviert. Beachten Sie jedoch, dass Sie diese vor der ersten Inbetriebnahme Ihres Standardmodells programmieren müssen.

b) negative

Negative Gefühlsausbrüche sind dagegen in jedem Fall ernst zu nehmen. Ist Ihre Frau nämlich erst einmal sauer auf Sie und hat sich so richtig in ihre Wut hineingesteigert, ist sie oft nur schwer zu besänftigen. Daher kann an dieser Stelle leider auch keine Garantie dafür übernommen werden, dass die im Folgenden genannten Punkte auch tatsächlich zur Verbesserung des weiblichen Gemütszustand beitragen. Normalerweise können Sie jedoch davon ausgehen, dass Sie damit die Betriebstemperatur zumindest um wenige Grad senken können.

normalbetrieb

Multitasking-Funktion

Diese Einstellung ist genauso wenig auf Stand-by zu schalten wie das Kommunikationsverhalten Ihres Standardmodells. Diese in jeder Frau installierte und immerzu aktivierte Funktion erlaubt ihr, gleichzeitig das Abendessen zuzubereiten, dabei zu telefonieren und fernzusehen. Doch auch in anderen Funktionsbereichen (etwa bei der Kindererziehung) zeigt sich der hohe Nutzen dieser einzigartigen weiblichen Geräteausstattung.

Gefühlsausbrüche

a) positive

Im Normalbetrieb kommt es bei den meisten Modellen immer wieder zu positiven Gefühlsausbrüchen. Anlässe gibt es dafür ungefähr so viele wie Primzahlen, zugelassene Autos oder Internetadressen. Hierzu gehören unter anderem der Anblick von Hundewelpen, Sonnenuntergänge jeder Art, Hochzeiten sowie Kindstaufen, Neugeborene und Kleinstkinder jeder Couleur, rührende Szenen in Büchern oder Filmen.

Während sich diese Gefühlsausbrüche nahezu immer durch die gleichen Mechanismen ankündigen (verklärter Blick, glasige Augen, verzücktes Lächeln, säuselnde, weiche Stimme), sind die Ursachen trotz intensiver Bemühungen bis heute nicht umfassend erforscht. So ist es beispielsweise selbst den Herstellern noch immer

gier-Platine ausgestattet. Funktionsbedingt besucht sie mit Vorliebe Veranstaltungen, auf denen eine besonders hohe Detaildichte herrscht. Dazu gehören Tupperpartys und Kaffeekränzchen ebenso wie die Gespräche zwischen Müttern auf dem Spielplatz, zufällige Begegnungen mit Nachbarinnen im Hausflur oder andere Gelegenheiten, die dem Austausch von Neuigkeiten dienen. Das automatische Horten von Zeitschriften, Prospekt- und Katalogmaterial dient diesem Zweck in gleichem Maße wie die dabei an den Tag gelegte Detailversessenheit.

Mitteilungsfunktion

Das normalerweise hohe bis sehr hohe Mitteilungsbedürfnis Ihres Standardmodells sollten Sie daher weder unterschätzen noch in irgendeiner Form unterbinden oder sonst wie beeinflussen. Was allerdings die – selbstverständlich völlig überzogene – Erwartung Ihrer Frau angeht, dass Sie sich ähnlich verhalten wie sie, so müssen Sie dem schon frühzeitig einen Riegel vorschieben, um wiederholten Vorhaltungen oder sonstigem Psychoterror rechtzeitig Einhalt zu gebieten.

TIPP!

Seien Sie dabei konsequent und lassen Sie sich auf keinerlei Kompromisse ein. Wenn Sie ihr einmal den kleinen Finger reichen, wird sie sofort nach der ganzen Hand grabschen – und diese so schnell nicht wieder loslassen!

normalbetrieb

➤ sie auf allen Möbeln so genannte Schutzdeckchen platziert;

➤ sie die Kacheln im Bad alle 14 Tage mit der Wurzelbürste schrubbt;

➤ sie immerzu darauf achtet, dass sogar die Kinder wie aus dem Ei gepellt herumlaufen – selbst wenn sie zum Spielen rausgehen.

Neugier-/Anteilnahmemodus

Sie können im täglichen Umgang mit Ihrer Frau grundsätzlich davon ausgehen, dass sie sich im Normalbetrieb um alles und jeden Gedanken macht. So ist sie je nach Alter und persönlicher Interessenslage ebenso um das Wohl ihrer Mutter wie um das ihrer Nachbarin, Königin Silvia von Schweden, Julia Roberts, Cameron Diaz, Robbie Williams oder Gunilla von Bismarck besorgt. Ihre Anteilnahme am Privatleben der Prominenz aus Film und Fernsehen ist in jedem Falle aufrichtig und sollte keinesfalls als notorische Klatschsucht fehlinterpretiert werden.

Um im Laufe ihres Betriebszeitraumes möglichst viele Informationen unterschiedlicher Qualität und Wichtigkeit zu sammeln, ist jede Frau mit einer Neu-

ℹ INFO!

Dieses weibliche Verhaltensmodul geht auf einen Urinstinkt zurück, nämlich das Sammeln von Informationen und Details, das seinerzeit zum Überleben dringend notwendig war.

normalbetrieb

✔ das rechtzeitige Denken an Geburtstage – auch an diejenigen, die eigentlich in Ihren Funktionsbereich fallen, inklusive Mutter, Oma, Bruder, Patentante, Lieblingsneffe oder Patenkind.

Überfunktionen

Nahezu jede Frau verfügt über eine sensible Ordnungsmembran, die in der Regel so reguliert ist, dass sie sich in einem erträglichen Rahmen bewegt. Gelegentlich kommt es allerdings zu einer latenten Überfunktion, die nur schwer gedämpft werden kann.

Eine solche, das tägliche Zusammenleben strapazierende Überfunktion liegt vor, wenn

➤ sie die Betten wöchentlich neu bezieht, dabei jeweils auch die Matratzen mit einem Spezialreiniger traktiert, da allein der Gedanke an Milben in ihr eine mittelschwere Panikattacke auslöst;

➤ sie ständig neue Kleider kauft – auch für Sie (und das obwohl Sie ihr immer wieder sagen, die alten seien noch gut);

➤ alle (ohne eine einzige Ausnahme) beim Betreten der Wohnung die Schuhe ausziehen müssen, und zwar sommers wie winters;

➤ sie die Fernbedienungen sämtlicher im Haus befindlicher technischer Geräte mit einer Schutzhülle aus Plastik versieht, damit sie nicht zustauben;

➤ die Bücher nach Farben ordnet;

normalbetrieb

statt, das Einholen von Kostenvoranschlägen, die Erledigung der täglichen Bankgeschäfte, die Verwal-
tung des Haushaltskontos, die Verlängerung von Päs-
sen jeder Art (für alle Familienmitglieder), die
rechtzeitige Erinnerung an Auffrischimpfungen oder
Routineuntersuchungen (etwa Zahn- und Augenarzt),
sämtliche Behördengänge – im Grunde der ganze unwichtige Kleinkram;

✔ das Knüpfen und Pflegen von sozialen Kontakten, im
Einzelnen umfasst das: Einladungen aussprechen oder
ausgesprochene Einladungen bestätigen sowie sich
anschließend bedanken, Gastgeschenke besorgen,
Briefe schreiben, regelmäßig enge und entfernte Ver-
wandte anrufen und sich nach deren Gesundheitszu-
stand erkundigen;

✔ das zuverlässige Betreiben eines Fahrdienstes für die
ganze Familie, etwa um die Kinder zu ihren jeweiligen Freizeitaktivitäten zu chauffieren oder Sie selbst
im Falle der absoluten Fahruntüchtigkeit sicher nach
Hause zu bringen;

✔ die regelmäßige Umgestaltung des gemeinsamen
Heims, wobei zwischen verschiedenen Dekovarianten
unterschieden wird, die beständig ergänzt bzw. aus-
getauscht werden müssen; das aktuelle Angebot
reicht bei den meisten Modellen von Weihnachten
(besonders üppig), Ostern, Frühlingsanfang, Sommer,
Erntedank, Halloween (relativ neu im Programm),
Winter allgemein und Silvester;

n o r m a l b e t r i e b

✔ das Packen sämtlicher Koffer vor Urlaubsreisen und im Idealfall auch für Ihre Geschäftsreisen (falls Sie ihr darin völlig freie Hand lassen, sollten Sie anschließend auch die Gebühr für eventuelles Übergepäck ohne Murren bezahlen);

✔ die notwendige Grundversorgung aller im Haushalt befindlichen Haustiere, die nicht nur das Füttern, sondern auch Auslauf, Käfig- bzw. Katzenklosäuberung und Tierarztbesuche umfasst;

✔ all die kleinen Handgriffe, mit denen man mal eben den benutzten Teller in die Spülmaschine stellt (statt auf die Küchenablage), die gelesene Zeitung ins Altpapier wirft, die Weingläser vom Vorabend vom Schlafzimmer in die Küche bringt, die Butter wieder in den Kühlschrank räumt oder die Schere zurück in die Schublade legt;

✔ das regelmäßige Ausräumen Ihrer Sporttasche inklusive Aufhängen des noch nassen Handtuchs, Entsorgen der leeren Isostar-Flasche, Lüften der Turnschuhe und Befördern von T-Shirt und Hose in den Wäschekorb;

✔ das unaufgeforderte Bezahlen offener Rechnungen, die Terminvereinbarung mit Handwerkern, die Korrespondenz mit Versicherungen, die Anmeldung der Kinder in Kindergarten und/oder Schule, das Besorgen von Briefmarken, die Vorauswahl des möglichen Urlaubsortes, die Teilnahme an Elternabenden, die Vereinbarung des Inspektionstermins mit der Autowerk-

55

normalbetrieb

Normalbetrieb

Im Normalbetrieb sollte Ihre Frau im täglichen Gebrauch reibungslos funktionieren, sofern Sie die Anweisungen zu Wartung und Pflege stets beachten.

Automatisch ablaufendes Serviceprogramm

In der Regel können Sie sich darauf verlassen, dass Ihre Frau nur selten eine oder mehrere der hier aufgeführten Leistungen bzw. Dienste wortlos/ohne zu murren/mit großer Freude, dafür aber stets auf der Stelle/kompetent/in Windeseile/sorgfältig/zu Ihrer vollen Zufriedenheit erfüllt. Dabei kann das Standardmodell jederzeit zuverlässig auf sein implantiertes Organisationstalent zurückgreifen.

Hierzu gehören unter anderem

✔ das regelmäßige Auffüllen aller Vorräte (im Idealfall sogar inklusive Ihrer Rasierklingen und der Batterien für die Fernbedienung);

✔ das Aufhängen, Lüften, Zusammenlegen, Wegräumen, Sortieren und Waschen (gelegentlich auch Bügeln) Ihrer gesamten Kleidung, die lästigen Gänge zur Reinigung inbegriffen;

✔ die intensive Pflege sämtlicher Zimmer- und Balkonpflanzen (inklusive Zurückschneiden, Düngen und Umtopfen);

pflege|wartung

➤ ohne Versöhnungskuss nicht ins Bett gehen, geschweige denn einschlafen können;

➤ die halbe Nacht irgendwelche Rachepläne und Vergeltungsschläge minutiös planen – die sie dann aber glücklicherweise so gut wie nie durchführen;

➤ nie nachgeben und den ersten Schritt machen und schon gar nicht als Erste wieder etwas sagen wollen;

➤ Sex als Versöhnungsangebot ablehnen, da der weibliche Mechanismus (und das betrifft nun mal Körper und Geist) erst wieder von „Stress" auf „alles okay" umschalten muss – und das kann dauern;

➤ in entsetzlich kindische Verhaltensmuster zurückfallen und Sie beispielsweise durch wiederholtes Wegziehen der Bettdecke, ständiges An- und Ausschalten des Deckenlichts, mehrmaliges krächzendes, da künstliches Husten sowie schmerzhaftes Bohren des Zeigefingers in Ihre Rippen am Einschlafen hindern wollen (letztlich beinhaltet dies alles nur die stumme Aufforderung an Sie, den ersten Schritt zu tun);

➤ den Streit am nächsten Tag garantiert mit drei ihrer fünf besten Freundinnen von A bis Z durchdiskutieren und bis in den letzten Zipfel analysieren werden, auch wenn es da Ihrer Meinung nach nicht das Geringste zu analysieren gibt (da täuschen Sie sich aber!);

➤ zum Glück für Sie ein recht dünnes Fell haben und sich am liebsten gleich wieder vertragen würden (womit Sie sie auch schon in der Hand hätten).

pflege|wartung

ner sich überschlagenden Stimme und einer nicht zu ignorierenden Erhöhung der Dezibelzahl,

3. deutlich verengte Augen, eine gerunzelte Stirn sowie zusammengekniffene Lippen, wahlweise nacheinander oder in diversen, nicht vorhersehbaren Kombinationen simultan eingesetzt,

4. das Werfen von Gegenständen, etwa Geschirr, Blumenvasen, Fotorahmen, Marmorstatuetten oder was ihr sonst noch so in die Finger kommt (glücklicherweise besteht aufgrund ihrer eingeschränkten Treffsicherheit in der Regel keine Lebensgefahr),

5. das Ausstoßen von wüsten Drohungen und Beschimpfungen, die fast immer unter die Gürtellinie gehen und damit verletzend sind, da mit steigender Emotionalität ein Verlassen der sachlichen Ebene sozusagen vorprogrammiert ist.

Streit

Sollte es dennoch einmal zu einer heftigen Auseinandersetzung kommen, beachten Sie bitte, dass Frauen in den allermeisten Fällen

➤ furchtbar nachtragend sind und immer wieder gerne beweisen, dass sie tatsächlich ein Elefantengedächtnis haben;

➤ oft nicht wissen, wann es genug ist, und daher immer noch weiterdiskutieren wollen, obwohl alles schon dreimal durchgekaut ist;

pflege|wartung

✔ auf all ihre Fragen immer nur mit „ja" oder „nein",
schwer interpretierbaren Lautmalereien wie „hmm",
„pffh", „boah" oder einem undefinierbaren Grunzen
antworten – beweisen Sie ruhig Mut zu ganzen Sät-
zen (sie wird es Ihnen danken).

Anzeichen für ernst zu nehmenden Unmut

Zum Glück lässt sich sehr leicht erkennen, wenn der Frau
einmal etwas wirklich nicht passt. In diesem Fall unter-
scheidet sich ihr Gebaren nämlich deutlich (und dadurch
auch für Sie dankenswerter Weise eindeutig wahrnehm-
bar) von den üblichen, sozusagen alltäglichen und damit nicht weiter zu beachtenden Nörgeleien.

Hierzu gehören

1. wiederholtes, oft sehr theatralisch inszeniertes Aus-
   dem-Zimmer-Rauschen, verbunden mit heftigem Tü-
   renknallen (wundern Sie sich bitte nicht, wenn Ihr
   Standardmodell im Minutenrhythmus aus irgendeinem
   fadenscheinigen Grund das Zimmer erneut betritt und
   diese Betriebsfunktion wiederholt; da Sie offenbar
   nicht wie gewünscht reagieren, wird sie so lange dasselbe Programm abspulen, bis sie den gewünschten
   Effekt – letztlich nichts als Ihre Aufmerksamkeit – als
   erzielt betrachtet),
2. der plötzliche Übergang in eine um mindestens zwei
   Oktaven höhere Tonlage, der meist einhergeht mit ei-

51

pflege|wartung

gerade wirklich nichts anderes finden und ihr freiwillig drei neue kaufen,

✔ am Wochenende auf dem Nürburgring sich und Ihr Auto auf die Probe stellen, anstatt mit ihr auf die Hochzeitsmesse zu gehen, und dann mit dem Aufkleber „Lieber Nürburgring als Ehering" nach Hause kommen,

✔ ihr Horoskop anzweifeln,

✔ ihren Kinderwunsch nicht ausreichend respektieren und ständig neue Ausreden erfinden, warum die Zeit für Nachwuchs gerade ungünstig ist,

✔ zu Hause so gut wie nie etwas erzählen und im Beisein von gemeinsamen Freunden plötzlich die spannendsten und lustigsten Anekdoten auspacken,

✔ spontan einen oder mehrere Arbeitskollegen zum Essen einladen und von ihr erwarten, dass sie was Nettes zaubert,

✔ ihr wiederholt sagen, dass Brad Pitt Pausbacken hat und im Bett sicher eine Niete ist,

✔ ihr dafür ständig von Angelina Jolie alias Lara Croft vorschwärmen und betonen, was für eine super Figur die Frau doch hat,

✔ auf die Frage, was Sie am Wochenende unternehmen könnten, immer nur „Was du willst, Schatz" antworten,

✔ ihr wiederholt vermitteln, dass sie zu viel und vor allem in den unpassendsten Momenten redet,

✔ sich bei Telefonaten mit ihr verhalten, als handele es sich um einen lästigen Behördengang, und so schnell wie möglich wieder auflegen,

pflege|wartung

✔ ihre beste Freundin als „blöde Kuh" bezeichnen, egal was diese über Sie gesagt oder Ihnen angetan hat,

✔ Figurprobleme jeder Art thematisieren,

✔ auf der Betriebsfeier Ihrer Firma sagen, sie solle ruhig schon mal vorgehen, Sie kämen dann gleich nach, und dann erst im Morgengrauen (zumal in recht desolatem Zustand) nach Hause torkeln,

✔ sich beim Lügen erwischen lassen – schon gar nicht mehr als einmal,

✔ nicht Bescheid sagen, wenn es im Büro mal länger dauert und sie mit dem Essen wartet,

✔ bei Schuhen, Kleidern und modischen Accessoires, die höchstens eine Saison überdauern, nach dem Preis fragen (den möchte sie nämlich am liebsten selbst für alle Ewigkeit aus ihrem Gedächtnis streichen),

✔ ihr beim Reden immer nur auf den Busen statt in die Augen schauen,

✔ nach dem Sex sofort einschlafen,

✔ im Beisein anderer Menschen Kritik an ihr üben (auch nicht, wenn Sie es scherzhaft verpacken),

✔ beim gemütlichen Fernsehabend nicht nur in den Werbepausen, sondern auch während des Spielfilms 85-mal umschalten und nie länger als drei Sekunden auf einem Sender verweilen,

✔ ihre beste Freundin anflirten,

✔ ihr Lieblingsbadetuch benutzen, um mal eben die Ölflecken in der Garage aufzuwischen, auch wenn Sie

pflege|wartung

VORSICHT!

Derartige Gewittersituationen kündigen sich oft schon lange im Voraus am Harmoniehorizont an und entladen sich bei dauerhafter Nichtbeachtung der Vorzeichen mitunter umso heftiger. Unterschätzen Sie die wiederholten Ankündigungen daher nicht und wiegen Sie sich unter keinen Umständen in trügerischer Sicherheit – das könnten Sie bitter bereuen.

en sind da aus evolutionstechnischen Gründen einfach im Vorteil. Vermeiden Sie es außerdem tunlichst, im Rahmen der hitzigen Diskussion wiederholt Tatsachen zu leugnen, begangene Fehler zu verharmlosen und/oder abzustreiten, sich in Lügen zu verstricken und/oder gar – im Extremfall – ihr Aggressionspotenzial voll und ganz auszuschöpfen bzw. Ihre körperliche Überlegenheit sonst wie auszuspielen. Das ist schlichtweg unfair und kann unschöne Langzeitfolgen für beide Seiten nach sich ziehen.

Häufige Ursachen für Harmoniestörungen

Zur Liste der Dinge, die Sie auf gar keinen Fall tun sollten, sofern Sie den ⇨Normalbetrieb nicht vorsätzlich gefährden wollen, zählen unter anderem:

✔ Nach Feierabend nach Hause kommen, sich gerade mal ein „Hallo, Schatz" abringen, den Fernseher einschalten und für die nächsten drei Stunden wie ein hypnotisiertes Kaninchen hineinzustarren,

pflege|wartung

Harmoniestörungen

Selbst bei absolut erfüllten Partnerschaften kann es also gelegentlich zu unschönen Harmoniestörungen kommen. Am besten vermeiden Sie es, überhaupt in solche Situationen zu geraten. Gehen Sie sich beispielsweise vorsorglich aus dem Weg, wenn Sie beide mal einen schlechten Tag haben. Falls dies nicht möglich ist, richten Sie sich rechtzeitig auf die drohende Auseinandersetzung ein. Wappnen Sie sich hierzu schon vorab mit den nötigen Utensilien wie kleineren Notlügen, mit Komplimenten angereicherten Beschwichtigungen, im Kopf zurechtgelegten abrupten Themenwechseln und mehreren Päckchen Papiertaschentüchern. Zwar können Sie es auch mit Fakten, Fakten, Fakten sowie statistischen Erhebungen und sonstigem Zahlenmaterial oder auch aktenkundigen Präzedenzfällen versuchen, doch werden Sie hiermit aller Voraussicht nach auf taube Ohren stoßen.

Lassen Sie sich beim Streiten unter keinen Umständen von der stakkatoähnlichen Frequenz der von Ihrem Standardmodell ausgestoßenen Silben pro Sekunde aus der Ruhe oder gar aus dem Konzept bringen. Das Gleiche gilt für die (mit Sicherheit erstaunlich hohe) Zahl der darin enthaltenen Vorwürfe. Bleiben Sie sachlich und folgen Sie ihr unter keinen Umständen auf die emotionale Betriebsebene. Dann sind Sie nämlich in der Defensive und können sich im Grunde gleich geschlagen geben – Frau-

pflege|wartung

Gefallen damit. Gießen Sie also nicht noch zusätzlich Öl ins Feuer, sondern zügeln Sie Ihr direktes Wesen und halten Sie sich zurück. Natürlich nicht immer, aber doch häufiger, als Sie es von Natur aus tun würden.

Hierzu gehören unter anderem
- ✔ Gewichtszunahmen jeder Art (egal ob kaum sichtbar oder mehr als deutlich – Letztere hat sie ohnehin schon selbst bemerkt und ist kreuzunglücklich deswegen),
- ✔ Vorträge über die Gesetze der Schwerkraft in Verbindung mit gewissen weiblichen Körperteilen (vorzugsweise Busen und Po),
- ✔ die Tatsache, dass Ihre Mutter einige Dinge anders (um nicht zu sagen besser) gehandhabt hat und dass Mamas Rindsrouladen einfach unschlagbar sind,
- ✔ sämtliche Vorzüge Ihrer Exfreundin oder -frau – was nicht heißen soll, dass sie nicht alles (vor allem Schlechtes) über ihre Vorgängerin wissen will,
- ✔ das gute Arbeitsverhältnis zu Ihrer Sekretärin, das hauptsächlich daraus resultiert, dass die treue Seele Ihre Wünsche schon erahnt, bevor Sie diese aussprechen können,
- ✔ die Qualität sämtlicher von ihr zubereiteter Speisen,
- ✔ die Großzügigkeit der Frau Ihres besten Kumpels, die ihm sowohl den regelmäßigen Gang auf ein Bierchen mit Ihnen als auch sonst jeden Spaß gönnt;
- ✔ Inhalt und Zustand ihrer Handtasche.

pflege|wartung

✔ ab und an Ihr Schweigen brechen und ihr etwas erzählen, auch wenn Sie es nicht im Mindesten für erwähnenswert halten;

✔ freiwillig einen nächtlichen Rundgang durchs Haus unternehmen, weil sie wieder mal irgendwelche Geräusche gehört hat und senkrecht im Bett steht;

✔ bei eingerissenem oder abgebrochenem Fingernagel Mitgefühl heucheln, ausreichend Trost spenden und keinesfalls als unwichtige Bagatelle abtun oder gar Dinge sagen wie „Was musst du auch so lange Krallen haben";

✔ beim Urlaub in exotischen Ländern erst mal das Hotelzimmer inspizieren, es von jedwedem Getier befreien und Entwarnung geben (dann fühlt sie sich so herrlich beschützt, und das bei quasi null Aufwand);

✔ beim Sex nicht gleich zur Sache kommen, sondern mindestens 15 bis 20 Minuten Vorspiel einplanen, das aus mehr bestehen darf als ein bisschen lieblosem Brustwarzenzupfen;

✔ vor allem in den Wintermonaten an die Wärmflasche für ihre kalten Füße denken und sie rechtzeitig unter ihrem Federbett deponieren.

Betriebstemperatur

Eine angenehme Betriebstemperatur garantieren Sie dadurch, dass Sie gewisse Tabuthemen respektieren und niemals (wirklich niemals!) anschneiden. Auch wenn Sie es nur gut meinen, Sie tun weder ihr noch sich einen

45

pflege|wartung

Hierzu gehören

✔ bei unverhofften, heftigen Heulkrämpfen (egal ob selbst- oder fremdverursacht) nicht mit den Augen rollen, sondern umarmen, festhalten und – wichtig! – schweigen;

✔ ihr ab und zu unaufgefordert ein heißes Bad einlassen und sie mit einer Rückenmassage verwöhnen;

✔ bei Entscheidungsneurosen stets Ruhe bewahren, zuhören, ab und an zustimmend nicken, sich in Selbstbeherrschung üben, auf eine eingehende Analyse der Situation verzichten und unter keinen Umständen Lösungsvorschläge machen;

✔ bei Streit mit der besten Freundin ebenfalls zuhören (kommt eigentlich immer gut), unaufgefordert ihre Partei ergreifen, allerdings nichts unternehmen – das Ganze renkt sich schneller, als Sie eine Kiste Bier austrinken können, wieder ein;

✔ ihr den Bauch massieren, wenn sie von Monatsbeschwerden geplagt wird, und zwar ausnahmsweise ohne Hintergedanken;

✔ bei der gemeinsamen Shoppingtour Ausdauer unter Beweis stellen, immer neue Klamotten in der Umkleidekabine präsentieren, ehrlich (aber nicht zu ehrlich) auf gestellte Fragen antworten, zwischendurch Komplimente machen, bloß keine Kritik an ihr/ihrer Figur üben, kommentarlos Kreditkarte zücken und Überschreitung des Limits ohne mit der Wimper zu zucken hinnehmen;

pflege | wartung

➤ ihre Lieblingsschnulze im Fernsehen wiederholt wird und sie den Film in aller Ruhe vom Bett aus genießen kann;

➤ die Wohnung blitzsauber und aufgeräumt ist und sie es sich mit einem Glas Rotwein auf dem Balkon gemütlich gemacht hat;

➤ ihr Lieblingssong gerade im Radio läuft und sie dazu beschwingt durch die Wohnung tanzt (ohne dass Sie sie auslachen oder eine unqualifizierte Bemerkung darüber machen);

➤ gerade drei Stunden mit ihrer besten Freundin über alles und jeden abgelästert hat,

➤ den Eindruck hat, Ihnen gerade erfolgreich eine Unart abgewöhnt zu haben;

➤ erfährt, dass ihre Intimfeindin kürzlich sieben Kilo zu-, sie selbst hingegen zwei Kilo abgenommen hat;

➤ gerade bei der Kosmetikerin war, die ihr ein Kompliment über ihre jugendliche Haut gemacht hat.

Um das allgemeine Wohlbefinden Ihres Standardmodells wenigstens ab und an auf ein allgemein verträgliches Niveau zu bringen, gibt es eine Vielzahl von zum Teil recht aufwändigen, dafür aber recht wirkungsvollen Verhaltensmaßregeln. Diese sind, auch in Ihrem eigenen Interesse, unbedingt zu verinnerlichen. Leider wurde aus platztechnischen Gründen nur ein verschwindend geringer Teil aller Möglichkeiten abgedruckt. Die wichtigsten Punkte sind jedoch allesamt aufgeführt.

pflege|wartung

Wie Sie dieser Auflistung entnehmen können, ist das weibliche Wohlbefinden von unzähligen, noch dazu schlecht einschätzbaren und/oder kaum vorhersagbaren Faktoren abhängig. Zusammenfassend lässt sich daher feststellen, dass Sie und Ihr Verhalten nur selten die eigentliche Ursache (wohl aber der Auslöser) weiblichen Unmuts sind. Dennoch sollten Sie mit unermüdlichem Eifer versuchen, immer wieder wenigstens kurze Momente des Glücks herzustellen und in dieser Angelegenheit nichts dem Zufall zu überlassen.

TIPP!

Im Zustand höchster Zufriedenheit (der leider nicht sehr häufig eintritt und niemals von Dauer ist) ist Ihre Frau insgesamt weniger störungsanfällig. Überwinden Sie also ab und an Ihren inneren Schweinehund und tun Sie ihr den ein oder anderen Gefallen oder geben Sie sich ein wenig Mühe im Umgang mit ihr. Der Nutzen steht (in positivem Sinne) in keinem Verhältnis zum Aufwand, will heißen: Es lohnt sich. Und vielleicht dürfen Sie ja dann ausnahmsweise mal im Stehen pinkeln.

Dies gelingt Ihnen am besten, indem Sie so oft wie irgend möglich versuchen dafür zu sorgen, dass Ihre Frau sich entspannt.

Entspannt ist ihre Frau vor allem dann, wenn sie
➤ von einem äußerst erfolgreichen Einkaufsbummel zurückkehrt;
➤ in der Badewanne liegt und Sie ihr ein Glas Champagner servieren;
➤ sich ausgiebig und ohne Zeitdruck ihrer Körperpflege widmen kann;

pflege|wartung

te Momente des Wohlbefindens sind so gut wie nicht existent.

Als Ursachen für diese bis heute nahezu unerforschten Stimmungstiefs kommen u.a. (die vollständige Liste ist schier endlos) infrage:

➤ Wetter
➤ PMS
➤ falsche Frisur
➤ Tageshoroskop
➤ Konto im Minus
➤ ein Kilo zugenommen
➤ neue Flamme ihres Ex getroffen
➤ Pickel auf der Stirn
➤ Anfang ihres Lieblingsfilms verpasst
➤ schlecht geträumt
➤ Schlafmangel
➤ Verspätungen im ÖPNV
➤ *Gala* ist ausverkauft
➤ andere Frau im gleichen Kleid auf der Party
➤ keine Cola-Light mehr im Kühlschrank
➤ Body-Mass-Index zu hoch
➤ graues Haar entdeckt
➤ Lieblingsjeans kneift
➤ Handy-Akku leer
➤ Handtaschenriemen gerissen
➤ Kreditkarte gesperrt

pflege|wartung

Pflege und Wartung

Allgemeines

Eine Frau gut zu pflegen und bei Laune zu halten, ist alles andere als leicht. Es gibt viele Details zu beachten, die sich je nach Stimmung schnell verändern können, was die Sachlage zusätzlich erschwert. Generell lässt sich sagen, dass Frauen sehr anspruchsvoll, kompliziert und fordernd sind – dafür sind sie aber auch bereit, gerne und viel zu geben.

Wenn Sie für längere Zeit und noch dazu möglichst glücklich mit einer Frau zusammenleben wollen, brauchen Sie vor allem Folgendes:
- ✔ Geduld, Geduld, Geduld
- ✔ viel Liebe und Aufmerksamkeit
- ✔ eine starke Schulter
- ✔ Tränenresistenz
- ✔ (zumindest vorgetäuschtes) Einfühlungsvermögen
- ✔ jede Menge Ausdauer

Wohlfühlfaktor

Das Wohlbefinden Ihrer Frau ist eine heikle Angelegenheit. Ihre Laune gleicht nicht selten einer Sinuskurve und auf jedes Hoch kann ohne ersichtlichen Grund ein Tief vom Ausmaß eines kalifornischen Wirbelsturms folgen, der wiederum ebenso schnell vorüberzieht, wie er gekommen ist. Kurz gesagt: Dauerhaf-

systemfunktionen einstellen

➤ Ayurvedadiät
➤ Blutgruppendiät
➤ Kohlsuppendiät
➤ Schlank-und-fitdiät
➤ Frühlingsdiät
➤ Antistressdiät
➤ Obstdiät
➤ Entschlackungsdiät

In dieser Phase ist im Umgang mit der Frau besondere Vorsicht geboten, da sie leicht reizbar ist und häufiger überreagiert als sonst.

TIPP!

Sollte Ihr Standardmodell Sie wiederholt in ihre Diäten einbeziehen wollen und auch bei Ihnen auf kalorien-, cholesterin- oder fettarme Ernährung achten, so essen Sie künftig am besten in der Kantine oder auswärts und schützen berufliche Termine, Geschäftsessen oder Ihren neuen Chef vor, der Besprechungen nur noch während der Mittagspause und in der Kantine abhält. Gerade Letzteres sichert Ihnen außerdem ihr Mitgefühl und befreit Sie somit von heimischen Maßnahmen.

fettfreie Saucen, Gemüse, helles Fleisch etc.), ansonsten auch biologisch wertvoll oder vegetarisch. In der prämenstruellen Phase lässt sich jedoch auch ein vermehrter Zuckerbedarf beobachten, was sich im wahllosen Verschlingen von Schokokeksen, Sahnetorten, Nutella, Pralinen, Eis, Bonbons, Gummibärchen u. ä. äußert.

⚡ WICHTIG!

Sorgen Sie in diesen Phasen stets dafür, dass sich ein ausreichender Schokoladenvorrat im Haus befindet, sonst schickt Ihr Modell Sie womöglich mitten in der Nacht zur Tankstelle, um Nachschub zu besorgen.

Häufig schaltet das weibliche Gehirn im Anschluss an diese Phasen auf extremen Sparmodus um, was letztlich nur bedeutet, dass mal wieder eine Diät ins Haus steht. Leider ist es bisher trotz modernster Technik nicht gelungen, diese Schwankungen zu beheben und einen gleichmäßigen, störungsfreien Betrieb zu ermöglichen.

Besonders störungsanfällig ist die Mehrzahl der Standardmodelle in den Frühjahrsmonaten, da der weibliche Betriebsmodus dann automatisch auf Diät umschaltet. Je nach installiertem System wird einer der folgenden Mechanismen aktiviert:

➤ Bikinidiät
➤ Trennkostdiät
➤ Feinschmeckerdiät

systemfunktionen einstellen

➤ Sie haben in geselliger Männerrunde lautstark vom letzten Verkehrsunfall Ihrer Partnerin (natürlich selbst verschuldet) berichtet.

➤ Sie haben es vorgezogen, ein Taxi zu rufen, anstatt Ihre Partnerin mit Ihrem teuren Schlitten fahren zu lassen.

Energieversorgung

Neben der Standortfrage ist auch eine ausgewogene Ernährung, einschließlich Ihrer eigenen regelmäßigen Versorgung mit ausreichend Energie, von nicht zu unterschätzender Bedeutung. Generell ist davon auszugehen, dass Ihr Standardmodell für seine Nahrungszufuhr selbst sorgen und sie nach individuellen Maßstäben regulieren wird. Inwiefern damit auch Ihre eigene Grundversorgung gesichert ist, lässt sich auf keinen allgemein gültigen Nenner bringen.

Gerne ernährt sich die Frau von leichter Kost (Salate, Rohkost, Knäckebrot, kalorienreduzierte Brotaufstriche,

ACHTUNG!
Zahlreiche Standardmodelle verfügen leider nicht mehr über das bei nahezu allen Anwendern begehrte Kochmodul. Vielmehr ist eine eindeutige Tendenz zu Fertiggerichten und Mikrowelle festzustellen, und viele Modelle können eher die Nummer des nächstgelegenen Pizzataxis als das Sauerbratenrezept ihrer Großmutter auswendig. Wer sich damit nicht zufrieden geben will, kann sein Modell Frau gegen Aufpreis mit der entsprechenden ⇨Zusatzfunktion ausstatten.

systemfunktionen einstellen

schiedlichsten Situationen sowie diverse Unterlassungsaufforderungen. Am häufigsten kommen dabei die folgenden Themen zur Sprache:

➤ Sie haben offensichtlich und eindeutig über die zumutbare Grenze (wird individuell definiert) hinaus mit einer unbekannten Frau geflirtet – war diese ohne männliche Begleitung, verschärft sich die Situation zusätzlich.

➤ Sie haben sich in mehrstündige Fachgespräche verwickeln lassen, die Ihre Partnerin nicht im Geringsten interessieren.

➤ Damit einhergehend: Sie haben nicht in ausreichendem Maße dafür gesorgt, dass Ihre Partnerin sich amüsiert.

➤ Sie haben Ihr nagelneues Hemd, das sie Ihnen womöglich gerade erst zum Geburtstag geschenkt hat, mit Ölflecken besudelt, die garantiert nicht mehr herausgehen.

➤ Sie haben zu viel geraucht und/oder getrunken.

➤ Sie haben Ihre Mannschaft lautstark und unter Verwendung sämtlicher Ihnen bekannter Fäkalausdrücke angefeuert.

➤ Sie haben der überaus attraktiven Gastgeberin mehrfach in den Ausschnitt gestarrt.

➤ Sie haben nicht einmal mit Ihrer Partnerin getanzt, obwohl Sie es vorher fest versprochen hatten (also gesagt haben: „Mal sehen").

systemfunktionen einstellen

Standort/Betriebsumfeld

Zum idealen Betriebsumfeld Ihres Modells lassen sich kaum verbindliche und allgemeingültige Aussagen treffen. Daher sei hier nur in aller Kürze gesagt, dass der optimale Standort für eine Frau in der Regel nicht mit dem optimalen Standort eines Mannes kompatibel ist.

Als ungeeignete Standorte für Frauen sind fast ausschließlich all jene Ort zu bezeichnen, an denen sich Männer besonders wohl fühlen, darunter Fußballstadien, Kartbahnen, Motodrome und andere Sportstätten, die IAA, Hobbywerkstätten, Heimwerkermärkte, Garagen, die PC-Fachgeschäfte, Computermessen etc.

Sollten Sie Ihre Frau dennoch gegen ihren Willen zum Aufsuchen eines ungeeigneten Standortes nötigen, so rechnen Sie bitte mit Kollateralschäden. Hierzu gehören ein erhöhter Nörgelfaktor, unqualifizierte Fragen, plötzliches Unwohlsein, vermehrtes Fremdflirten, Schmollaktionen sowie unschöne Szenen. Letztere drohen vor allem im Anschluss an mehrere erfolglose Überredungsversuche zum vorzeitigen Verlassen des Standortes.

Folgeschäden bei ungeeigneter Standortwahl

Der Unmut Ihres Standardmodells legt sich häufig auch nach Verlassen des entsprechenden Ortes nicht, sondern zieht auf der Rückfahrt zusätzlich detaillierte Analysen der jeweiligen Veranstaltung nach sich. Diese beinhalten u. a. Vorhaltungen über Ihr Verhalten in den unter-

systemfunktionen einstellen

> **ACHTUNG!**
> Frauen übertragen ihre Eigenschaften und Fähigkeiten gerne auf Männer. Dabei berücksichtigen sie meist nicht, dass diese völlig anders zusammengesetzt sind und daher nicht einmal annähernd über die gleichen Module verfügen können. Machen Sie Ihrem Modell daher frühzeitig klar, worin die auffälligsten Unterschiede liegen, und versuchen Sie ihr zu vermitteln, dass sie damit leben muss.

chen Interpretationsmechanismen vertraut sind und diese auch anwenden. Dass es dabei auch immer wieder zu unerquicklichen Missverständnissen kommt, muss sicher nicht eigens erwähnt werden.

Mit den Finessen der nonverbalen Kommunikation sind die meisten Standardmodelle im Übrigen wenig bis gar nicht vertraut. Demnach müssen Sie, wollen Sie falschen Anschuldigungen und unbegründeten Verdächtigungen aus dem Weg gehen, ab und zu über Ihren Schatten springen und mit Ihrem Modell auch mal reden. Sie werden schnell merken: Es lohnt sich.

> **TIPP!**
> Selbst wenn Sie also der Meinung sind, Ihre Frau müsse allein durch die Tatsache, dass Sie nach 14 Jahren immer noch mit ihr Tisch und Bett teilen, deutlich spüren, dass Sie sie lieben, sagen Sie es ihr trotzdem ab und zu. Sie hört es nun mal gerne!

systemfunktionen einstellen

Des Weiteren sind Frauen in der Regel alles andere als arglos. Vor allem wenn sie ein konkretes Ziel vor Augen haben, können sie sehr berechnend agieren, was in den seltensten Fällen auf den ersten Blick erkennbar ist. Selbst das gewöhnliche Standardmodell entwickelt mitunter ein erstaunliches Geschick darin, Sie zu manipulieren, ohne dass Sie es merken.

Vor Lügen (selbst Notlügen und harmlosen Schwindeleien) scheuen Frauen jedoch insgesamt eher zurück, was an ihrem eingebauten Wahrheitsmodul liegt. Deshalb legen sie in Partnerschaften auch immer großen Wert auf Ehrlichkeit.

VORSICHT!
Sehen Sie sich also unbedingt vor und seien Sie gerade bei ungewöhnlich großzügig erscheinenden Angeboten misstrauisch. Nur selten agiert eine Frau frei von jeglichen Hintergedanken – und genau deshalb unterstellt sie Ihnen auch ständig, welche zu haben.

Mehrdeutige Aussagen und andere Unklarheiten sollten Sie im Umgang mit Frauen unter allen Umständen vermeiden. Frauen interpretieren für ihr Leben gern. Auch Ihr Modell wird daher den kleinsten Happen, den Sie ihr hinwerfen, mit Freuden verschlingen und zu einem wahren Deutungsmarathon ansetzen. Allerdings verhält sich die Trefferquote oft gegensätzlich zu dem Engagement der Deuterin. Im Gegenzug verlangt sie jedoch von Ihnen, dass Sie gleichermaßen mit den gängigen weibli-

systemfunktionen einstellen

> ⚡ **WICHTIG!**
>
> In diesem Fall, wie in unzähligen anderen, gilt also: gegebenenfalls lieber mehrfach nachfragen, anstatt einfach zu handeln. Denn leider geht die Gleichung
>
> (Spinne + tot) x
> (Problem + beseitigt)
> = Lob
>
> seltener auf, als Sie annehmen.

ruhig schlafen kann wie vorher. Deswegen bieten Sie im Übrigen am besten gleich an, den Staubsauger auf den Balkon oder in den Keller zu bringen. Oder Sie haben das Tier im Mülleimer entsorgt (statt sich an die vorgeschriebene Mindestentfernung zur Wohnung von gut 500 Metern zu halten), wo es ebenfalls – urplötzlich wieder lebendig geworden – erneut sein Unwesen treiben könnte.

Äußerung von Wünschen und Bedürfnissen

Sie müssen prinzipiell davon ausgehen, dass eine Frau ihre Wünsche, Ansichten und Bedürfnisse zwar jederzeit und auch nicht jedes Mal nur freundlich, aber längst nicht immer klar und deutlich äußert. Es ist daher ziemlich schwierig und bedarf einiger Übung, zuverlässig zwischen harmlosem Nörgeln und echten Krisensituationen zu unterscheiden. Die Kunst des Dekodierens können Sie leider nur durch eigene Erfahrungen und in mühsamen Selbstversuchen erlernen, da die einzelnen Modelle gelegentlich größere Konstruktionsunterschiede aufweisen.

systemfunktionen einstellen

1. Machen Sie eine entsetzte Miene und erkundigen Sie sich besorgt, was denn los sei (klingen Sie auf keinen Fall genervt oder belustigt!).
2. Heucheln Sie Verständnis für die Angst Ihres Standardmodells und sagen Sie niemals Dinge wie „Du stellst dich ja mal wieder an".
3. Erkundigen Sie sich, bevor (!) Sie in Aktion treten, genauestens, was Sie mit dem feindlichen Objekt anstellen sollen.
4. Vermeiden Sie vorschnelle Schlüsse und sehen Sie von Interpretationsversuchen ab, sondern tasten Sie sich langsam an die Sachlage heran und sichern Sie sich wirklich ausreichend ab (Sie werden es sonst bestimmt bereuen).
5. Schreiten Sie heldenhaft zur Tat und verkneifen Sie sich auch nach vollbrachter Entsorgung jede Form von Spott oder Verunglimpfung.

Nur wenn Sie sich genau an den hier aufgeführten Handlungsablauf halten, ist ein Gelingen der Aktion sicher. Andernfalls müssen Sie womöglich – Undank ist eben der Welten Lohn – mit dem Vorwurf rechnen, Sie hätten ein wehrloses Wesen getötet (das vor wenigen Minuten, als es noch quicklebendig war, immerhin als „widerliches Vieh" bezeichnet wurde). Oder Sie haben die Spinne einfach aufgesaugt und kassieren einen Anpfiff, weil diese schließlich über Nacht aus dem Staubsauger wieder herauskrabbeln könnte und Ihre Frau nun genauso wenig

systemfunktionen einstellen

Betriebsmodi vertraut machen und darauf hoffen, dass Sie ihr Verhalten schon irgendwie einschätzen und steuern können. Mit unerwarteten Reaktionen ist jederzeit zu rechnen, und auch die eine oder andere zusätzliche Funktionsstörung ist in Kauf zu nehmen.

Feineinstellung

Lassen Sie sich von unangenehmen Überraschungen nicht gleich ins Bockshorn jagen und geben Sie nicht bereits beim zweiten misslungenen Bedienungsversuch auf. Versuchen Sie vielmehr, durch wiederholtes Variieren der Feineinstellungen den optimalen Betriebsmodus herauszufinden und so einen möglichst reibungslosen Betrieb zu ermöglichen.

TIPP!

Vermeiden Sie Fehler, die schon Generationen von Männern vor Ihnen begangen haben, und lernen Sie aus Ihren gescheiterten Beziehungen.

Versuchen Sie daher stets, zunächst so viele Detailinformationen wie nur irgend möglich zu eruieren, bevor Sie sich an eine Aufgabe heranwagen, sonst ernten Sie am Ende statt des erwarteten Dankes nichts als Beschimpfungen. Die Zahl der möglichen Fehlerquellen ist schier unermesslich. So sollten Sie beispielsweise, falls Sie durch einen erstickten Schrei angelockt wurden und mit einem Blick die harmlose, wenn auch recht große Spinne an der Schlafzimmerdecke erspäht haben, wie folgt vorgehen:

systemfunktionen einstellen

➤ sie für ihre inneren Werte schätzen;
➤ knackig und attraktiv sein;
➤ ihr sagen, dass sie eine tolle Frau ist;
➤ keine Nullnummer im Bett sein;
➤ ihren Wunsch nach Unabhängigkeit akzeptieren.

Dass sich die meisten dieser Punkte widersprechen, sollte Sie weder wundern noch weiter verwirren oder gar stören – das liegt einfach in der Natur der Sache.

Allgemeines Betriebsprogramm

Hysterische Anfälle gehören bei Ihrem Standardmodell ebenso zum allgemeinen Betriebsprogramm wie Nervenzusammenbrüche, Kaufrauschanfälle und sonstige orgiastische Tätigkeiten (etwa in Verbindung mit sportlicher Aktivität oder Nahrungsaufnahme). Die Ursachen hierfür sind ebenso vielfältig wie die Formen der einzelnen Störungen, darum ist es für die meisten Anwender extrem schwierig, wenn nicht gar unmöglich, ihre Frau zu durchschauen oder auch nur richtig einzuschätzen.

Wollen Sie Ihr Modell verstehen, genügt es längst nicht, wenn Sie sich mit sämtlichen

TIPP!

Einige dieser Störungen (besonders Hysterie oder hormonell bedingte Wutausbrüche) beheben sich nach einer gewissen Zeit von selbst wieder und die Frau agiert automatisch wieder im Normalbetriebsmodus. Es lohnt sich also durchaus auch mal, einfach abzuwarten und nichts zu tun.

als Mann und auch Sie haben sich gewiss schon einmal gefragt, wie Sie sich eigentlich verhalten sollen. Um Ihnen ein paar Anhaltspunkte zu liefern, haben wir die folgenden Tools für Sie zusammengestellt, die Frauen an Männern besonders schätzen.

Der ideale Mann für die Frau von heute sollte also
➤ wissen, wo es langgeht;
➤ hart im Nehmen sein;
➤ ein weiches Herz haben;
➤ es zu etwas gebracht haben;
➤ Verständnis für ihre Schwächen haben und darauf Rücksicht nehmen;
➤ ein Ziel vor Augen haben und es auch konsequent verfolgen;
➤ sie nicht nur wegen ihrer Attraktivität schätzen, sondern auch wegen ihrer Intelligenz;
➤ sie nicht immer wie ein kleines Kind oder ein zerbrechliches Wesen behandeln, sondern ihr auch mal was zutrauen;
➤ ihr die Tür aufhalten, den Mantel abnehmen und im Restaurant den Stuhl zurechtrücken;
➤ sie beschützen können, wenn sie es gerade für nötig hält;
➤ solvent sein und es dennoch ertragen können, falls sie mehr verdient als er;
➤ stark sein und im richtigen Moment (wann der ist, weiß leider allein sie) auch mal schwach;

systemfunktionen einstellen

Aggregatzustand

Ungemein leicht gestaltet es sich hingegen für das männliche Geschlecht, den jeweiligen Aggregatzustand einer Frau richtig zu deuten, da allein schon Mimik und Gestik in der Regel keine Fragen offen lassen (siehe auch unter ⇨Streit). Noch dazu fällt es den meisten Frauen leicht, ihre Gefühle (welche auch immer) zum Ausdruck zu bringen und über Lappalien oder Belanglosigkeiten mit der gleichen Ausführlichkeit zu reden wie über ernsthafte Beziehungsprobleme oder diverse freudige Anlässe.

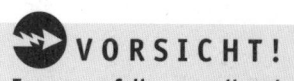

Grundlegende Betriebstools

Zusammenfassend lässt sich sagen, dass Sie es Ihrer Frau in der heutigen Zeit nur sehr schwer recht machen können. Die Modelle sind in den letzten Jahren zunehmend anspruchsvoller geworden und wollen im Grunde alles – und das auch noch möglichst so-

VORSICHT!

Frauen verfallen vor allem beim Streiten schnell in den Unsachlichkeitsmodus. Auch erweisen sie sich als wahre Meisterinnen, wenn es darum geht, Ihnen die Wörter im Mund zu verdrehen. Lassen Sie sich nach Möglichkeit auf keine Diskussionen ein, da Ihre Frau aus produktionstechnischen Gründen auf jeden Fall im Vorteil ist und diesen auch auszunutzen weiß. Sie werden also in 99 Prozent aller Fälle den Kürzeren ziehen.

fort. Bekommen sie ihren Willen mal nicht, können sie im Einzelfall sehr unangenehm werden. Nicht umsonst kämpfen zahlreiche verwirrte Anwender mit ihrer Rolle

Systemfunktionen einstellen

Beim Modell Frau handelt es sich (im Gegensatz zum Modell Mann) um ein alles andere als simples Exemplar der Gattung Mensch.

Betriebssystem

Die Frau verfügt über ein äußerst komplexes, noch dazu extrem emotionales Betriebssystem, bei dem die Gesetze der Logik nicht selten außer Kraft gesetzt werden. Sie neigt gelegentlich zu Sprunghaftigkeit, was sich u. a. darin äußert, dass sie ihre Meinung stündlich ändert und ihre Mitmenschen gerne mit diversen Extra- und Sonderwünschen auf Trab hält (besonders beliebt sind der Extrateller im Restaurant oder das Umbestellen von Beilagen). Viele Modelle funktionieren außerdem frei nach dem Motto: Neurosen machen den Tag erst schön. Demnach ist die Handhabung einer jeden Frau eine einzige, äußerst schwierige Gratwanderung, bei der Sie ständig auf der Hut sein müssen – schließlich ist die Zahl der Stolperfallen wahrhaft gigantisch.

TIPP!

Wenn Sie dieses oberste Prinzip beim täglichen Umgang mit Ihrem Exemplar beachten, dürfte Ihnen ein reibungsloses Miteinander zwar noch lange nicht garantiert sein, doch macht es den Normalbetrieb wenigstens manchmal leichter.

allgemeine hinweise

jedes einzelne Gramm an ihrem Körper lieben;

✔ Sie buchen ihr einen Tag in einem Wellness-Hotel und kümmern sich solange um die Kinder;

✔ Sie verwöhnen Sie mit ihrem Lieblingsparfüm und der dazugehörigen Körperpflegeserie;

✔ Sie überraschen Sie mit einem exklusiven Wochenende in einem Fünf-Sterne-Romantikhotel mit Candle-Light-Dinner und Tanz;

✔ Sie schenken ihr einen Diamantring;

✔ Sie geben ihr ausnahmsweise mal mit Worten zu verstehen, dass sie eine wunderbare Frau ist.

Falls Ihnen das alles zu aufwändig erscheint, können Sie ja Ihre Sekretärin um Mithilfe bei der Organisation (und womöglich sogar noch ein paar Tipps) bitten.

WICHTIG!

Vergessen Sie bitte eines nicht: Gewisse Funktionsmechanismen von Frauen sind nach wie vor unerforscht und daher in den meisten Fällen völlig unvorhersehbar. Allerdings können Sie davon ausgehen, dass Sie mit der Romantikschiene nahezu immer die richtige Betriebsstufe gewählt haben. Je üppiger und kitschiger Ihnen also etwas vorkommt, desto höher ist im Allgemeinen die Erfolgsquote.

allgemeine hinweise

➤ACHTUNG!

Idealerweise wechseln Sie die Batterien oder laden die Akkus auf, bevor sie nahezu oder gar völlig aufgebraucht sind. Läuft Ihre Beziehung nämlich erst mal auf Sparflamme und Ihre Frau agiert bereits am Nullpunkt, ist nur mit großer Anstrengung und der Mobilisierung sämtlicher Reserven auf beiden Seiten wieder Schwung in die Sache zu bringen.

dann schnellstmöglich aufzuladen, verbrauchte Batterien müssen umgehend entfernt und durch Frischzellen ersetzt werden.

Wie Sie das nun konkret anstellen, bleibt Ihnen und Ihrer Phantasie überlassen. Je nach zu belebender Frau und finanziellem Spielraum empfehlen wir einen oder mehrere der folgenden Bedienungsschritte:

✔ Sie schicken ihr täglich einen Strauß ihrer Lieblingsblumen mit einem romantischen Sechszeiler;

✔ Sie arbeiten ohne vorherige Aufforderung diverse Vorschläge zur Freizeitgestaltung aus;

✔ Sie kaufen ihr sündhaft teure Seidenunterwäsche (den angenehmen Nebeneffekt werden Ihre Augen Ihnen danken);

✔ Sie lesen ihr vor dem Einschlafen jeweils ein Kapitel aus ihrem aktuellen Lieblingsbuch vor;

✔ Sie schicken ihr ein Riesenpaket mit ihren Lieblingspralinen und schreiben dazu auf einer Karte, dass Sie

allgemeine hinweise

✔ plötzlich mit ihrer besten Freundin eine Woche Andalusien gebucht hat, obwohl sie immer gegen getrennten Urlaub war,

✔ mit einem Mal nichts mehr von anderen Männern (Nachbarn, Kollegen, flüchtigen Bekannten) erzählt und Sie auch sonst nicht mehr eifersüchtig zu machen versucht,

✔ häufiger zu ihrer Mutter fährt, als ihr im Grunde selbst lieb ist,

✔ am Valentinstag nicht mal mehr den üblichen Strauß roter Rosen einfordert,

i INFO!

Waren die soeben erwähnten Punkte von Beginn an fester Bestandteil Ihrer derzeitigen Beziehung, so sollten Sie sich insgesamt glücklich schätzen. Denn selbst wenn Ihre Frau Ihnen dann nicht jeden Wunsch von den Augen abliest und auch noch erfüllt, ermöglicht sie Ihnen dennoch ein recht stressfreies Zusammenleben. Schließlich sind Sie von zahlreichen lästigen Pflichten entbunden (etwa Geschenkzwang an Valentins- oder Hochzeitstag) und werden auch sonst weitgehend in Ruhe gelassen.

✔ den Anschein erweckt, dass es ihr völlig egal ist, wann und in welchem Zustand Sie nach einer Kneipentour nach Hause kommen,

ist es höchste Zeit, und Sie sollten dringend handeln. Haben Sie typische Verschleißerscheinungen festgestellt, so würden ein bisschen frischer Wind, Abwechslung und Spannung Ihrer Beziehung und damit auch Ihrem Sexualleben gewiss nicht schaden. Leere Akkus sind

allgemeine hinweise

TIPP!
Sexentzug als Erziehungsmittel können Sie sich im Übrigen getrost sparen, damit schaden Sie sich nämlich selbst am allermeisten.

Versuchen Sie in Ihrer Beziehung auf jeden Fall, typische Verschleißerscheinungen wie Routine, Langeweile im Alltag und Einschleichen von bisher unbekannten schlechten Gewohnheiten zu vermeiden, um ein langes, abwechslungsreiches und spannendes Zusammenleben zu gewährleisten.

Sobald Sie also feststellen, dass sie
- ✔ Ihnen schon lange keinen Kuchen mehr gebacken hat,
- ✔ Ihnen die Füße nicht mehr massiert,
- ✔ Ihren gemeinsamen Sohn jeden Abend ins Ehebett schlafen legt, auch wenn er gar nicht danach verlangt,
- ✔ nicht mal beleidigt ist, wenn Sie den Hochzeitstag vergessen (wo sie doch sonst ständig wegen allem und jedem eingeschnappt ist),
- ✔ Ihnen keine Zettelchen mit Liebesbotschaften mehr ins Portemonnaie oder in die Aktentasche schmuggelt,
- ✔ beim Frühstück nicht mehr das Ei für Sie köpft,
- ✔ Ihnen ohne den geringsten Anflug von schlechtem Gewissen die letzte Schinkenscheibe wegisst, anstatt sie Ihnen wie früher großzügig zu überlassen,
- ✔ nicht mehr 27-mal am Tag bei Ihnen im Büro anruft, nur um mal eben Ihre Stimme zu hören,

allgemeine hinweise

Lediglich in besonders dringenden Fällen sind ein Erheben der Stimme und das Aussprechen von Machtworten sinnvoll. Nähere Angaben hierzu finden Sie auch unter ⇨ Streit. Von Körpereinsätzen ist hingegen – außer zur Selbstverteidigung bei unerwarteten Angriffen – dringend abzusehen.

Sollte Ihre Frau trotz wiederholter Versuche und mehrmaligem guten Zureden nicht tun, was Sie wollen, müssen Sie auf die zweite, notfalls sogar die dritte Betriebsstufe (auch: härtere Gangart) zurückgreifen. Erfahrene Anwender finden in der Regel rasch heraus, ob ihr aktuelles Modell eher auf Komplimentverweigerung, kurzfristige räumliche Trennung (nehmen Sie ruhig großzügig die Couch, sie kann sowieso nicht einschlafen), die wiederholte Erwähnung anderer Modelle, bevorzugt Luxusausführungen (samt aller Vorzüge), oder eine deutliche Steigerung der Überstunden reagiert.

TIPP!

Unverblümte Aufforderungen, Fragen oder Bitten gelangen bei nachlässigem Umgang schnell in den falschen Hals und werden von Frauen häufig (wenn auch völlig unbegründet) als persönliche Kritik missverstanden. Gehen Sie daher stets mit der gebotenen Diplomatie vor und verpacken Sie das, was Sie anbringen möchten, so freundlich wie möglich. Bedenken Sie dabei auch, dass Frauen zu ausschweifenden (in der Regel ebenfalls nicht nachvollziehbaren) Interpretationen des von Ihnen gedankenlos Dahergesagten neigen und selbst dem letzten unerheblichen Detail garantieren einen tieferen Sinn zuschreiben.

allgemeine hinweise

Allgemeine Hinweise

Zum möglichst störungsfreien Betrieb sowie zur Werterhaltung Ihres Modells empfiehlt sich eine dauerhaft aufmerksame, liebevolle, zuvorkommende und rücksichtsvolle Behandlung und Pflege.

Bitte reinigen Sie Ihr Modell Frau regelmäßig von Allüren, Weinkrämpfen, Fürsorglichkeits- und Bemutterungsattacken, Plaudermarathons, hysterischen Anfällen, Zickigkeit sowie Aufräumzwang und chronischen Eifersuchtsanfällen. Auf die Verwendung von scharfen Reinigungsmitteln wie Arroganz, Bevormundung, Überheblichkeit, verschärfter Egoismus, Besserwisserei, Rechthaberei sowie Drohungen jeder Art oder längere Schweigephasen ist unbedingt zu verzichten.

TIPP!

Der Einsatz von Weichspüler ist im Einzelfall durchaus sinnvoll (etwa unmittelbar vor Beichten oder bei der Äußerung von besonderen Wünschen), doch ist stets auf eine sparsame Verwendung zu achten, da mit der Zeit ein Gewöhnungseffekt eintritt und die Dosis ständig erhöht werden muss.
Eine unnachgiebige und strenge Behandlung dagegen ist – außer bei schweren Ausnahmefällen – nicht zulässig. Härte wird nämlich nur mit Widerwillen und Dickköpfigkeit begegnet und aktiviert lediglich die in jedem Standardmodell eingebaute Widerspruchsfunktion.

technische daten

Nörglerin/Mutti-Ersatz/eifersüchtig/Glucke/Groupie/ Partymaus/Mauerblümchen/Klette/Girlie/Hanseatin/Landei/Sexbombe/Mannweib/Blondine/perfekte Gastgeberin/Intellektuelle/Arzttochter/Prinzessin auf der Erbse/ Mimöschen/Klassefrau* entschieden haben – die in dieser Bedienungsanleitung erklärten technischen Basisdaten sowie gewisse Grundeinstellungen sind bei nahezu jeder Frau gleich.

* Nichtzutreffendes auf Wunsch streichen bzw. Zutreffendes per Leuchtstift hervorheben.

►●!►ACHTUNG!

Bitte denken Sie daran: Wer jedoch eigenmächtig Änderungen an den Basisfunktionen – dazu zählen unter anderem versuchte Manipulationen des Sexlebens – vornimmt, ist für das Endergebnis selbst verantwortlich. Näheres hierzu finden Sie auch unter ⇨Kundendienst.

produktbeschreibung

Produktbeschreibung/
Technische Daten

Die vorliegende Gebrauchsanleitung gilt für alle gängigen Frauentypen, die derzeit auf dem deutschen Markt erhältlich sind. Die allgemeinen technischen Daten beziehen sich auf die übliche, im Großen und Ganzen alltagstaugliche Allerweltsfrau (auch Standardmodell genannt) und sollen lediglich einen unverbindlichen Anhaltspunkt bieten.

Gewisse Abweichungen in Form, Farbe, Neurosen, Größe sowie Charakter sind möglich. Sie allein berechtigen jedoch nicht (außer natürlich in schwer wiegenden Einzelfällen) zu Umtausch oder Ersatz.

Grundsätzlich sind alle äußeren Merkmale, von Größe über Alter, Körbchengröße sowie Farbe und Länge der Haare kombinierbar mit allen erdenklichen Charaktereigenschaften, Tränenvorräten und Kochkünsten. Auf diese bunte Vielfalt an Möglichkeiten haben Verlag und Verfasserin dieser Gebrauchsanleitung jedoch keinen Einfluss. Eine Gewährleistung hierfür wird daher ausgeschlossen.

Egal ob Sie sich nun für das Modell Standard/Fotomodell/Romanistikstudentin/Karrierefrau/Kindernarr/repräsentative Gattin/Heimchen am Herd/kleiner Dickkopf/Zicke/Muttertier/Tussi/Schlampe/Nymphomanin/

18

allgemeine technische daten

TYP DURCHSCHNITTSMODELL (deutsch)

Tatsache, die der plastischen Chirurgie Jahr für Jahr sensationelle Umsatzsteigerungen beschert; die meisten Modelle, die sich für den nachträglichen Einbau der Luxusausführung entschließen, lassen sich übrigens weder von den hohen Kosten (oft in Höhe eines anständigen Kleinwagens) noch von möglichen Funktionsstörungen (geplatzte und/oder verrutschte Silikonkissen) abschrecken.

Falten: bieten nicht selten Anlass für ein waschechtes Drama, da so gut wie alle Standardmodelle sich vor derartigen Gebrauchsspuren und Abnutzungserscheinungen fürchten und entsprechend vorbeugen; dank Jugendwahn wollen sie eben auch mit 59 noch aussehen wie ein gerade gepflückter Apfel; gemäß der allgemein gültigen DIN-Norm gilt: je teurer eine Creme, desto höher ihre erhoffte Wirkung, weswegen Monat für Monat ein nicht unbeträchtlicher Teil des weiblichen Budgets in den Kauf von Antifaltenprodukten fließt.

Mund: mit der wichtigste Gerätebaustein, der in zahlreichen Varianten (Form, Größe und Farbe vielfältig kombinierbar) erhältlich und in jedes Standardmodell integriert ist; eignet sich wunderbar zum Küssen, wenn er denn mal stillsteht.

Ohren: im Dauerbetrieb vielfach erprobtes, sehr belastbares Modul, das immerzu auf Stand-by geschaltet und damit jederzeit offen für all Ihre Sorgen und Nöte ist; funktionieren vor allem dann besonders gut, wenn etwas nicht für sie bestimmt ist; prinzipiell ist anzunehmen, dass ihnen nichts entgeht, deshalb wirklich geheime Gespräche ausschließlich vom Büro oder Handy (außerhalb der eigenen vier Wände) führen und stets Nummernspeicher löschen.

Typische Eigenschaften/innere Merkmale: Pingeligkeit, falsche Bescheidenheit, Nörgelei, Eitelkeit, Eifersucht, Beredsamkeit, Sozialneid, Sauberkeitsfimmel.

Allgemeine technische Daten

Lebenserwartung:	80,6 Jahre (statistisches Mittel)
Größe:	1,69 Meter
Gewicht:	55 Kilogramm
Schuhgröße:	39
Erste Beziehung:	mit 16 Jahren
Anzahl der Beziehungen bis zur Hochzeit:	2,1
Anzahl der Sexualkontakte bis zur Hochzeit:	2,3

Gehirn: ja, es ist kleiner als Ihres, aber dennoch nicht zu unterschätzen.

Haare/Frisur: ist bei Frauen unglaublich wichtig, entsprechend große Aufmerksamkeit widmen die meisten Modelle diesem Gerätebaustein; die Varianten sind unzählig, das erste graue Haar wird oftmals zum Beginn des Untergangs, also des nicht aufzuhaltenden Alterungsprozesses hochstilisiert (vgl. hierzu auch ⇨Falten); regelmäßige Wartungsarbeiten beim Frisör, die nicht selten horrende Summen verschlingen, sind ein absolutes Must, zumal nicht wenige Selbstversuche kläglich scheitern (vor allem beim Färben und/oder bei Dauerwellen); bei wichtigen Anlässen oft gleiche Dramatik wie in der Kleiderfrage (Hochzeit ganz kritisch); bietet oft Anlass für schlechte Laune.

Po: zählt bei den meisten Standardmodellen zur Hauptproblemzone (gemeinsam mit Hüften und Oberschenkeln), da sich hier Gewichtsveränderungen besonders deutlich abzeichnen; häufig sorgt eine angeborene Bindegewebsschwäche (auch: Cellulitis) für zusätzlichen Frust; Auslöser für eine rege Nachfrage an Bauch-Beine-Po-Gymnastikkursen ebenso wie straffenden Bodylotions und anderen oft ebenso sinnlosen wie sündhaft teuren Erfindungen der Kosmetikindustrie.

Busen: fast zwei Drittel aller Frauen sind mit der genetisch bedingten Standardausführung dieses Moduls unzufrieden – zu groß, zu klein, zu flach, zu schlaff, die Mängelliste will oft kein Ende nehmen; eine

inbetriebnahme

Lebenszeit damit, ihr das Einparken und/oder Kartenlesen beizubringen, hirnlose Hollywood-Komödien über sich ergehen zu lassen, ihr den Unterschied (bzw. die Tatsache, dass es einen solchen überhaupt gibt) zwischen Betriebssystem und Benutzeroberfläche zu erklären oder sich an die Regeln der Monogamie zu halten.

Im Übrigen bleibt es Ihnen überlassen, bis zu welchem Punkt Sie der Frau an Ihrer Seite gestatten, sich in Ihre allgemeinen Betriebsabläufe einzumischen (also Ihnen den Umgang mit alten Freundinnen zu untersagen, Ihren Alkoholkonsum strengstens und auf Dauer zu reglementieren, Ihre Ernährung umzustellen, Ihnen die Lieblingssportart zu vergällen). Oder ob Sie eher dazu neigen, sich dieses Gebaren von Anfang an zu verbitten. Nur eines ist in diesem Punkt sicher: Sie wird es auf jeden Fall versuchen.

➤❗➤ A C H T U N G !

Bedenken Sie jedoch Folgendes: Eine Frau, die Sie auf einer Party, in einer Bar oder einer Disko kennen lernen, ist nicht allein deswegen gleich Ihre Traumfrau, weil Sie einen Rock und hohe Schuhe trägt und sich länger als fünf Minuten mit Ihnen unterhalten hat. Etwaige Ernüchterungen befähigen nicht automatisch (zumindest nicht aus Sicht Ihrer Partnerin) zum Seitensprung.

15

inbetriebnahme

Modell nämlich erst einmal Hoffnungen (ob nun begründete oder nicht), von Ihnen geheiratet zu werden, lautet das Urteil auf lebenslänglich. Es ist hier höchste Vorsicht geboten, da Sie aus der Sache nur äußerst schwer wieder herauskommen – zumindest nicht unbeschadet, so viel ist sicher.

Auch zur Eile drängende Nebeneffekte sollten Sie nicht in Ihrer Entscheidung beeinflussen und das objektive Prüfungsergebnis verfälschen. Hierzu gehören u. a. das bedrohliche Herannahen Ihres dreißigsten Geburtstages oder die Tatsache, dass alle Männer in Ihrem unmittelbaren Umfeld das Unternehmen „Frau fürs Leben" bereits abgeschlossen haben oder ähnliche den Erfolgsdruck erhöhende Faktoren.

Seien Sie auf jeden Fall kritisch – auch wenn es eigentlich nicht Ihrer Natur entspricht – und gehen Sie selbst den kleinsten Merkwürdigkeiten (etwa wiederholtem und respektlosem Wühlen in Ihrer Vergangenheit, diversen Ansätzen zur Einschränkung Ihrer Entscheidungsfreiheit, sich häufenden Versuchen, Ihr äußeres Erscheinungsbild oder Ihre Wohnungseinrichtung an die weiblichen Vorstellungen anzupassen) lieber sofort auf den Grund. Sonst vergeuden Sie womöglich kostbare

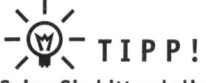

TIPP!

Seien Sie bitte ehrlich zu sich selbst, es nutzt Ihnen nur wenig, wenn Sie sich etwas vormachen – das böse Erwachen kommt bestimmt.

i n b e t r i e b n a h m e

Sie es auch dann, wenn Ihnen das alles eigentlich recht
überflüssig vorkommt. Und zwar ganz egal, ob Ihre
Zukünftige ziemlich gut aussieht, eine knackige Figur
hat, auch bei drei auf keinem Baum war und somit ihre
Alltagstauglichkeit in Ihren Augen hinreichend unter
Beweis gestellt hat. Immerhin kaufen Sie ja auch kein
neues Auto ohne vorherige Probefahrt.

Nutzen Sie gegebenenfalls
(also im unwahrscheinlichen
Falle der völligen Untaug-
lichkeit) die gesetzlich vorgegebene Umtauschfrist oder
machen Sie von Ihrem ga-
rantierten Rückgaberecht Gebrauch. Weitere Informationen hierzu finden Sie unter
⇨Garantiebedingungen.

WICHTIG!

Bitte denken Sie daran, dass Umtausch und Rückgabe lediglich
vor Eintritt in die Ehe unkompliziert möglich sind. Spätere Ansprüche können im Einzelfall
nicht nur mit unschönen Szenen
und heftigen Familienzerwürfnissen einhergehen, sondern im
Falle einer Scheidung auch mit
hohen Kosten und erbittertem
Streit um die Kinder verbunden
sein.

Lassen Sie sich bei der eingehenden Prüfung Ihres Modells keinesfalls von Ihrem
Testosteronspiegel (auch wenn es Ihnen schwer fällt)
oder sonstigen die Sinneswahrnehmungen beeinträchtigenden Substanzen (Alkohol, Drogen, Tabletten) blenden. Handeln Sie bitte auch nicht aus einer momenta-
nen Laune heraus und sehen Sie ausnahmsweise von
unüberlegten Spontanentscheidungen ab. Macht sich Ihr

inbetriebnahme

➤ sie zum dritten Mal Ihr neues Auto gegen das Straßenschild neben (nicht etwa direkt vor!) Ihrer Garagenausfahrt gesetzt hat,

➤ sie Ihnen zwei niedliche Kinder geboren und ein drittes unbemerkt untergeschoben hat,

➤ sie Ihren Ruf endgültig ruiniert hat, weil sie inzwischen all Ihren Kollegen, Kumpels, Verwandten und entfernten Bekannten erzählt hat, wie süß Sie doch sind, wenn Sie im Schlaf die Decke wegstrampeln und die Embryohaltung einnehmen,

➤ Ihre Mutter die raffinierte Schleimerin endgültig ins Herz geschlossen hat und Ihnen eine Trennung äußerst übel nehmen würde,

➤ sie mit jeder ihrer Freundinnen (auch mit den sieben, die sie eigentlich kaum noch trifft) über Ihre Erektionsstörung von neulich geredet hat,

➤ sie Ihnen den fünften Urlaub in Folge vermiest hat, weil ihr der Strand zu voll/das Wasser zu dreckig/der Service zu schlecht/das Essen zu fad/die Sonne zu heiß/die Klimaanlage zu kalt/das Frühstück zu spärlich und das Bett zu weich war,

erkennen, dass Ihre törichte Hoffnung, die Frau Ihrer Wahl könnte eines Tages doch noch aufhören, an Ihnen herumzunörgeln bzw. Sie ändern zu wollen, sich niemals erfüllen wird, ist es nämlich längst zu spät.
Daher gilt: Prüfen Sie Ihre Frau rechtzeitig auf Herz und Nieren, bevor Sie sich längerfristig an sie binden. Tun

inbetriebnahme

drücken Sie so schnell wie möglich die Reset-Taste, um eine vollständige Löschung der Festplatte vorzunehmen. Bei besonders hartnäckigen Modellen ist der Vorgang mehrmals zu wiederholen.

VORSICHT!

Beachten Sie dabei, dass bei vereinzelten Modellen trotz neuester Technik und größter Sorgfalt bei der Produktion einmal eingerastete Schalter nur schwer wieder zu verstellen oder gar in die Ausgangsstellung zurückzusetzen sind.

Sollten Sie bereits in der Kennenlernphase entgegen Ihren Erwartungen etwaige ⇨Konstruktionsfehler oder andere nicht behebbare negative Eigenschaften durch einen unglücklichen Zufall o. ä. feststellen, so überlegen Sie sich gut, ob Sie die Beziehung nicht lieber gleich beenden (auch wenn sie gut im Bett ist), anstatt in fünf Jahren, wenn Sie endgültig die Schnauze voll haben, mit einer Geliebten durchzubrennen.

Verschließen Sie auf keinen Fall die Augen vor den Tatsachen, auch wenn Sie eigentlich gar nicht so genau hinsehen wollen, weil es irgendwie schon passt und Sie sich im Zweifelsfall sowieso einfach verkrümeln, bis die Luft wieder rein ist. Der Reality-Check ist in Ihrem eigenen Interesse auf alle Fälle durchzuführen.

Falls Sie nämlich erst, nachdem
➤ sie Ihr Vermögen auf den teuersten Einkaufsstraßen dieser Welt durchgebracht hat,

Vor der Inbetriebnahme

Bitte vergewissern Sie sich vor der Inbetriebnahme, ob bei der ausgewählten Frau alle Ihnen wichtigen Merkmale und Eigenschaften wie Attraktivität, eine gute Figur, Rundungen an den richtigen Stellen, Anschmiegsamkeit, Intelligenz (natürlich geringer als die Ihre), Repräsentationsfähigkeit, Eleganz, Unterwürfigkeit, Unabhängigkeit (selbstverständlich nur so viel Sie eben zulassen wollen), Sportlichkeit, Demut, kleine Hände (Sie wissen schon, zum Putzen der Ecken) oder Natürlichkeit in ausreichendem Maße vorhanden sind.

Überprüfen Sie außerdem, ob etwaige Altlasten tatsächlich rückstandslos entsorgt wurden. Das betrifft nicht nur Bild- und/oder Adressmaterial von Exfreunden und Exmännern (inklusive E-Mail-Adressen und Handynummern) sowie zurückgelassene Möbel, CDs, technisches Gerät, ganze Jahrgänge diverser Fachzeitschriften, Rasierwasser, Kondome, Sexspielzeug oder Boxershorts, sondern auch möglicherweise in ihrer Wohnung vorhandene getrocknete Rosensträuße, Fotos, Geschenke und andere Devotionalien, die an frühere Beziehungen erinnern.

Was mentale Altlasten angeht, etwa ein von Ihrem Vorgänger eingeimpftes Weltbild sowie ein politisches Wahlverhalten, die beide nicht dem Ihren entsprechen,

sönlichen Wünschen und Bedürfnissen anpassen. Nach einer Frist von sechs Wochen lassen sich die Einstellungen nämlich definitiv nicht mehr verändern.

Platzveränderungen

Frauen lieben Abwechslung und sind damit für Standortveränderungen jeder Art wie geschaffen. Allerdings birgt diese Betriebsfunktion auch einige Unannehmlichkeiten für den Nutzer des jeweiligen Modells. Besonders störend ist dabei die in wiederkehrenden Abständen vorgenommene komplette Umgestaltung einzelner Räume (vorwiegend Wohn-, Ess- und Schlafzimmer sowie Eingangsbereich und Flur), ausgiebiges Möbelrücken und regelmäßiger Neuerwerb diverser Kleinmöbel inbegriffen. Auch hier gibt es leider kein Patentrezept, sondern Sie müssen jedes Mal aufs Neue gegensteuern und versuchen, den so genannten *Worst Case* (einen Umzug) abzuwenden. Immerhin können Sie sich – als Trostpflaster – darauf verlassen, dass Ihre Frau im letztgenannten Fall die komplette Organisation übernehmen wird.

sicherheit|warnhinweise

Blitzschlag

Damit es bei heraufziehenden Gewittern (also drohendem Streit) nicht zu heftigen Entladungen Ihnen gegenüber kommt, ziehen Sie rechtzeitig den Stecker und entschärfen Sie die Situation. Sie sollten dies vorsorglich in jedem Fall tun (oder zumindest versuchen), da eine sachliche Austragung irgendeines Konflikts aufgrund des extrem sensiblen und störungsanfälligen weiblichen Betriebssystems grundsätzlich nicht möglich ist. Bei Nichtbeachtung besteht die Gefahr eines emotionalen Flächenbrandes. Halten Sie daher den Mindestsicherheitsabstand von einer Armlänge unter allen Umständen ein.

Reinigung

Im Allgemeinen läuft die Selbstreinigungsfunktion bei allen gängigen Modellen gemäß der geltenden Norm automatisch ab, sodass Sie sich hierum nicht die geringsten Gedanken machen müssen. Lediglich was die Dauer der Badnutzung angeht, sollten Sie ab und an regulierend eingreifen, vor allem wenn die zulässige Höchstzeit von drei Stunden überschritten wird. Bei einigen Sondermodellen mit implantiertem Putzfimmel müssen Sie sich dringend frühzeitig mit allen Schaltern zur Regulierung des Sauberkeitswahns vertraut machen und diese Ihren per-

mehrmals täglich ihren Puls überprüfen. Wenn sie stundenlang wie eine Echse reglos daliegt, sieht man ihr auf den ersten Blick meist nicht an, ob sie nun tot oder lebendig ist. Achten Sie auch darauf, dass sie sich in regelmäßigen Abständen umdreht. Nur so können Sie einer einseitigen Bräunung vorbeugen.

Lüftung

Was die Einhaltung der behördlichen Belüftungsvorschriften angeht, müssen Sie sich bei Ihrer Frau ebenfalls keine Gedanken machen, da sie in der Regel von Natur aus stets um einen angenehmen Körpergeruch bemüht ist und selbst merkt, wann Handlungsbedarf besteht. Auch durch einen entsprechenden Kleidungsstil sorgen die meisten Modelle automatisch für eine ausreichende Belüftung ihres Bauchnabels und der Oberschenkel. Allerdings sollten Sie dafür Sorge tragen, dass Ihre Frau sich (vor allem in den Wintermonaten) nicht zu freizügig kleidet, da es sonst schnell zu wiederholten Funktionsstörungen (auch: Blasenentzündungen) kommen kann. Dem weiblichen Gehirn tut hingegen ab und an ein wenig Zugluft ganz gut, nicht zuletzt weil so das anhaltende Kreisen um dieselben Argumente und Vorhaltungen deutlich eingeschränkt werden kann.

sicherheit|warnhinweise

Wichtige Sicherheits- und Warnhinweise

Wasser und Feuchtigkeit

Ihr Modell Frau darf auf keinen Fall längere Zeit gemeinsam mit einem funktionierenden Telefon unbeaufsichtigt in der Badewanne deponiert werden. Sonst quatscht sie nämlich garantiert so lange, bis selbst der Ersatzakku leer ist/der Arzt kommt/das Wasser abgestellt wird und sie kein warmes mehr nachlaufen lassen kann/sich an ihren Füßen Schwimmhäute bilden oder Sie sie mit Gewalt aus der Wanne entfernen (allerdings weniger zu empfehlen, sofern Sie den Hausfrieden nicht dauerhaft gefährden wollen). Sollten Sie zwischendurch selbst baden wollen, locken Sie Ihre Frau am besten unter einem Vorwand („Ich glaub, auf RTL läuft gerade *Pretty Woman*" oder „Anita und Frau Berger stehen im Hof und ratschen" aus dem Badezimmer.

Hitze

Generell können Sie davon ausgehen, dass Ihr Gerätetyp Frau seit frühester Jugend an ebenso lange wie zahlreiche Sonnenbäder (sei es im Freien oder im Solarium) gewöhnt ist und dass sie auch an ausreichenden Sonnenschutz denkt. Dennoch sollten Sie gerade im Sommerurlaub

Inhalt

Inhaltsverzeichnis	5
Wichtige Sicherheits- und Warnhinweise	6
Vor der Inbetriebnahme	10
Allgemeine technische Daten	16
Produktbeschreibung/Technische Daten	18
Allgemeine Hinweise	20
Systemfunktionen einstellen	26
Pflege und Wartung	40
Normalbetrieb	54
Zusatzfunktionen	67
Versteckte Fehlfunktionen	71
Werkseinstellungen wiederherstellen	78
Selbsthilfe bei Störungen	81
Gewährleistung/Garantiebedingungen	89
Kundendienst	92
Recycling	94

Besuchen Sie uns im Internet:
www.ullstein-taschenbuch.de

Mix
Produktgruppe aus vorbildlich bewirtschafteten
Wäldern und anderen kontrollierten Herkünften
www.fsc.org Zert.-Nr. GFA-COC-001278
© 1996 Forest Stewardship Council
FSC

Dieses Taschenbuch wurde auf FSC-zertifiziertem Papier gedruckt.
FSC (Forest Stewardship Council) ist eine nichtstaatliche, gemeinnützige
Organisation, die sich für eine ökologische und sozialverantwortliche
Nutzung der Wälder unserer Erde einsetzt.

Ungekürzte Ausgabe im Ullstein Taschenbuch
1. Auflage Januar 2010
© Ullstein Buchverlage GmbH, Berlin 2010
© 2003 by Ullstein Heyne List GmbH & Co. KG, München / List Verlag
Umschlaggestaltung: HildenDesign, München
(nach einer Vorlage von Hauptmann und Kampa Werbeagentur,
München – Zürich unter Verwendung der Schrift Facts of Life von Pippo Lionni)
Papier: Pamo Super von Arctic Paper Mochenwangen GmbH
Druck und Bindearbeiten: CPI – Ebner & Spiegel, Ulm
Printed in Germany
ISBN 978-3-548-36888-7

Angela Troni

**Gebrauchsanweisung
für Männer und Frauen**

Ullstein

Das Buch

Darf man Männern auch mal mehr zumuten als nur den Schonwaschgang? Und müssen Frauen wirklich immer mit Weichspüler behandelt
werden? Angela Troni liefert die ultimative Antwort auf alle Fragen, die
praktische Hilfe für Normalbetrieb und Notsituationen – eine Gebrauchsanweisung für Frauen einerseits und für Männer andererseits.

Die Autorin

Angela Troni, geboren 1970, war Lektorin in einem großen Verlag, ehe
sie sich 1999 als freie Lektorin und Übersetzerin selbständig machte.
Inzwischen schreibt sie auch, arbeitet als Ghostwriterin und gibt
Bücher heraus. Sie hat literarische Kochbücher und humorvolle
Geschenkbücher für Frauen verfasst und die Anthologien *Vaterglück, Ich
habe schon Schlimmeres erlebt* und *Ihr lieben Deutschen!* herausgegeben.

Herzlichen Glückwunsch

zu Ihrer Wahl einer Frau aus unserem Hause. Damit Sie an
diesem einzigartigen Qualitätsprodukt viele Jahre Freude
haben, empfehlen wir Ihnen, die Gebrauchsanweisung vor
dem ersten intensiven Kontakt – am besten vor dem Einzug
in eine gemeinsame Wohnung, spätestens jedoch vor der
Hochzeit – sorgfältig zu lesen und auch die Pflegeanleitung
genau zu beachten.

Nur so vermeiden Sie böse Überraschungen, nervenaufreibende Fehlfunktionen und im Einzelfall kostspielige, häufig
gar irreparable Schäden, die durch unsachgemäße Behandlung entstehen können.

Autorin und Verlag wünschen Ihnen viel Vergnügen bei der
Lektüre und ein gutes Händchen bei der Partnerwahl.